LA PLUS PETITE

CLEF DES SONGES

PARIS. — TYP. A. APPERT
PASSAGE DU CAIRE, 56, GRANDE GALERIE

LA PLUS PETITE

CLEF DES SONGES

Par Madame VICTOIRE JALADIS

Ayant exercé l'art de la cartomancie depuis 1827 jusqu'en 1859

SES PRÉDICTIONS

tant par l'explication des Songes que par ses Cartes

PRÉCÉDÉE D'UNE NOTICE DE SA VIE

PARIS

<table>
<tr><td>CHEZ E. DENTU, LIBRAIRE
PALAIS-ROYAL
13, GALERIE D'ORLÉANS</td><td>ET CHEZ L'AUTEUR-ÉDITEUR
RUE DU FOUARRE, 7
PRÈS LE QUAI DE MONTÉBELLO</td></tr>
</table>

1861

INTRODUCTION

Avant de faire un relevé de mes prédictions les plus
marquantes, je crois devoir faire connaître à mes lecteurs
une partie des circonstances qui m'ont décidé a embrasser l'art
de la Cartomancie (terme vulgaire « tireuse de Cartes »), état
qui, dans le monde, est regardé comme le plus vil ; et
cependant, dans les malheurs et l'adversité de la vie, que de
personnes viennent près de nous, ou nous font appeler en
secret, pour y puiser des consolations, ou y chercher une
espérance. J'ai souvent entendu dire qu'il n'y avait que les
personnes faibles de caractère qui pouvaient consulter les
Cartes ; je ne suis pas assez éclairée pour combattre cette
opinion ; je me soumets devant les savants, que la nature a
doués de toutes les lumières, mais ce qui m'étonne, et bien
d'autres, ce qui me fait mettre au rang des faibles et des
croyants, c'est la vérité que l'on rencontre si souvent dans
un jeu de cartes. On ne peut vraiment que se rendre à l'évi-
dence.

Cependant l'on verra que j'ai toujours recommandé à
tous ceux qui m'ont honorée de leur confiance, qu'il ne fallait
pas croire à tout ce que les cartes disent, qu'il fallait les consulter comme distraction ; voilà, pour moi, quelle a été ma
manière d'exercer cet art, depuis 1827, jusqu'en décembre 1859, époque où des circonstances, que mes lecteurs qui

liront cette brochure connaîtront. Depuis cette époque, je me suis attachée à faire un Livre de Songes, dont la majeure partie est traduite, d'après les explications que j'ai faites à ceux qui sont venus me raconter leurs songes, et dont ils ont reconnu la vérité ; c'est pourquoi je m'efforcerai de donner, dans ce petit recueil, tous les détails possibles.

Comme notice de ma vie, je ne pourrai peindre toutes les circonstances qui m'ont fait descendre à ce dégré ; tous les faits sont chez moi, écrits de ma main, toute mon existence, ma jeunesse, mon mariage, cinq ans de ménage, vingt-sept ans de séparation, retour de mon mari en 1855, ce que j'ai souffert, seconde séparation, comment j'ai perdu un œil.

Cela renferme tous les malheurs qui m'ont fait prendre ce parti ; comme ces événements ne pourraient pas être contenus dans une brochure, je me bornerai à en citer quelques faits.

Je prie mes lecteurs de me lire avec toute l'indulgence que mérite une femme qui n'a jamais écrit, et qui n'a pas la prétention de devenir auteur.

CLEF DES SONGES

CHAPITRE PREMIER

MON ORIGINE

En général nous naissons tous de noblesse ; mais comme les titres se perdent dans les générations, je ne parlerai donc pas de la Mère de mon Père qui perdit ses titres en épousant un bourgeois! je crois même que l'on pouvait dire à cette époque « manant » (car c'était un ouvrier). Mon Aïeule étant sans fortune adopta sans se plaindre l'état de son mari, qui était chaudronnier; ils eurent quatorze enfants ; il leur en resta quatre, deux filles et deux garçons ; tous deux adoptèrent l'état de leur père. Je ne suis donc que la fille d'un ouvrier.

Mon Père ayant été élevé par sa Mère, eut pour héritage ses principes et ses vertus ; il épousa ma Mère, femme vertueuse, très distinguée et jolie, quoique fille de cultivateurs. Voyez comme les titres s'effacent: quelquefois, l'on voit des familles chiffonner dans les rues, ou ramoner les cheminées, qui descendent souvent de bonne famille ; ainsi finissent les grandeurs. Je suis donc dans ce nombre. Mais mon Père, quoique placé dans la classe laborieuse, sût toujours conserver sa dignité par sa conduite ; mes parents eurent sept enfants : il sut donner aux quatre qui restèrent une instruction qui dépassait, à cette époque, celle de la masse du peuple. J'étais la plus jeune, j'avais toujours entendu dire que mon intelligence dépassait celle de mes Sœurs ; toute la noblesse de Ligny, non-seulement m'aimait, mais se plaisait à me voir jouer avec leurs enfants.

Oh ! comme c'est bien le portrait de son Père, disaient-ils.

De sorte que je ne fréquentais jamais les pauvres, sans pour cela les moins aimer ; je cherchais quelquefois à jouer avec les petites filles de mon âge, je leur donnais mes poupées et mes gâteaux, mais elles me disaient :

— Tu viens avec nous parce que tu ne peux pas aller avec tes belles dames ; tu parles trop français pour nous.

Comme je grandissais, cet amour-propre, qui se glisse partout, vint se loger si bien dans mon cœur que je me crus quelque chose.

A douze ans, je pouvais relever n'importe quel compte, et lire l'écriture la plus difficile ; mais les alliés vinrent en France, mes Parents furent ruinés. Là se borne mon éducation. J'étais presque raisonnable, je sentais que mes parents se donnaient beaucoup de peine, je voulus travailler. Il venait de s'établir une fabrique de coton, je désirais y entrer, mais lorsque les personnes qui me considéraient surent cette nouvelle, elles me firent apprendre l'état de lingère. Un an après, je sus gagner ma vie ; j'avais quinze ans, j'allais en journée, je gagnais quinze sous par jour et ma nourriture, je n'étais plus à charge à mes parents.

J'étais heureuse, admirée dans la ville, chérie de mon Père ; un baiser de ma tendre Mère, en me couchant, me donnait le sommeil des anges ; pour société, j'avais une amie que j'avais connue en apprentissage, jeune fille douce, spirituelle et vertueuse je la conservai jusqu'à mon mariage, elle fût ma fille d'honneur. J'eus un fils, quoiqu'elle ne fût point marraine, Eugénie était son nom, et mon fils reçut le nom d'Eugène. Nous étions nées l'une pour l'autre : même caractère, mêmes sentiments. Le dimanche, après les offices, nous allions visiter les champs de ma Mère, et nos veillées se passaient chez les Sœurs de la doctrine chrétienne, M. le Curé et son Vicaire s'y trouvaient, nous dansions des rondes, au lieu de chansons c'étaient des cantiques, mais le plaisir était le même.

Trois ans s'écoulèrent dans cette joie pure et innocente, trois ans de bonheur ; c'est tout ce que j'ai eu dans ma vie, et j'ai cinquante-neuf ans. O chers lecteurs, si je vous peignais toutes mes souffrances, vous prendriez mon ouvrage pour un roman, et vous ne me croiriez pas ; aussi j'ai plus de peine à écrire ces quelques pages que les trois cents que j'ai écrites, ce qui ferait six volumes ; je ne puis donc vous donner qu'un abrégé.

Je viens de vous dire que j'avais goûté trois années de bonheur, ce furent les seules, oui, je le répète ; un malheur planait sur la maison paternelle, il tomba sur une de mes Sœurs, c'est vous dire qu'elle fut coupable.

A cette époque, et surtout en Province, mieux vaudrait perdre toute une famille, cela serait un malheur, et non une honte, pour des parents qui se sont sacrifiés afin d'en tirer leur gloire. Ils sont descendus dans la tombe sans cette satisfaction.

J'avais alors dix-neuf ans ; je n'avais pas le goût du mariage, quoique demandée très souvent ; ma conduite, l'estime dont toutes les personnes notables m'honoraient, me faisaient rechercher, mais mon seul but était de me faire religieuse, pensant que cela relèverait l'honneur de ma famille. Ma pauvre Sœur, qui, malgré sa faute, ne manquait pas de religion, heureuse de me voir de si bons sentiments, offrit à mes parents la moitié de la somme nécessaire, M. le Curé faisait le reste avec Mlle D. P. Mes parents s'y opposèrent, vu les mariages avantageux qui se présentaient. Ne me plaisant plus dans le pays, je pris le parti de quitter mes Parents. Comme ma Sœur aînée habitait Vitry-le-Français, mariée et établie, je la priai de me trouver une place honorable.

Des Maîtresses de Pension, avec lesquelles elle était très bien, me placèrent Demoiselle de boutique dans un Magasin de Rouennerie. J'étais très bien; mais lorsque M. le Maire, son Epouse et sa Demoiselle vinrent me rendre visite, le bien qu'ils dirent de moi, les recommandations amicales qu'ils me firent de toujours me conduire de manière à ne point démériter l'estime que j'avais acquise de toutes les personnes du Pays, oh alors je fus regardée comme l'enfant de la maison. J'étais trop heureuse, cela ne devait pas durer.

Ces Dames qui m'avaient placée m'engagèrent à venir chez elles en qualité de sous-maîtresse de pension. Pensant que cela me rapprocherait du couvent, je m'y suis décidée; mais comme ma vie devait être entourée de vicissitudes, tous mes projets devaient échouer. Ces Dames étaient deux amies, et celle à qui n'appartenait pas l'établissement entra directrice de l'Hospice de la ville; son amie voulut l'y suivre, et je revins près de ma famille, joyeuse de la revoir.

J'avais vingt ans, âge où l'on peut déjà juger les choses: Je m'aperçus que mes parents étaient trop indulgents pour ma Sœur, pour ne pas dire trop faibles, et qu'ils perdaient leur considération; je pris un dégoût pour le toit paternel. Comme je n'étais qu'à trois lieues de Bar-le-Duc où je savais qu'il y avait une place chez des rentiers (le mari était un commandant en retraite et sans enfants), je me présentai, je convins, et, de demoiselle de boutique et de sous-maîtresse de pension, je fus bonne à tout faire, cuisinière et femme de chambre, mais toujours aimée partout; je descendais les degrés de l'échelle sociale sans y songer; l'échelle était haute, j'avais encore beaucoup à descendre avant d'arriver au dernier; je conservai longtemps l'espoir d'y remonter, mais au dernier échelon, elle se brisa, et je tombai jusqu'à terre.

JE DEVIENS GARDE-MALADE

Trois mois s'étaient écoulés. J'étais si aimée que j'oubliais que j'étais domestique. Madame était atteinte d'une maladie dont elle ne pouvait revenir; je lui prodiguais tous mes soins, et elle sa tendresse et sa bienveillance. Mais Monsieur, qui se portait très-bien, tomba tout-à-coup dangereusement malade; trois médecins qui vinrent ne répondirent pas de le sauver. Les voilà tous deux au lit, et seule pour gouverner la maison et les soigner; je fis venir une garde, mais ni l'un ni l'autre ne voulurent d'autres soins que les miens; la garde prit mon poste, et moi le sien.

L'amitié donne de la force. Pendant vingt-trois nuits, je ne me couchai point. Au bout d'un mois, mon maître était sauvé, au grand étonnement de trois célèbres médecins; mais madame ne l'était pas; sa vie s'éteignait chaque jour. Le premier jour que Monsieur dîna à table, lorsque l'on en vint au dessert, Monsieur se leva et apporta lui-même une grande corbeille, le couvercle garni de fleurs; c'était ma fête, je n'en savais rien, mais Madame se nommait aussi Victoire, lorsque Monsieur dit :

« Voici un bouquet en l'honneur de sainte Victoire; le premier est pour mon épouse, veuillez le lui offrir; le second qui est au fond est pour vous. »

A ma grande surprise, je vis un bouquet de roses blanches mêlé de fleurs d'oranger; je fus saisie de tant d'honneur; sous ces fleurs, il y avait trois jolies robes en pièces, un châle crêpe de chine; je pouvais me marier, la toilette était complète.

Je ne puis ici dépeindre toute la joie qui régna dans ce repas donné à mon intention. Tous les convives louèrent mon dévouement, Madame me dit qu'à partir de ce jour, je pouvais me regarder comme sa filleule, que je n'étais plus domestique, que l'on prendrait une femme de ménage. Pouvais-je être plus heureuse ? Non. Eh bien, ce bonheur fut comme les autres: un rêve. Quinze jours après, Monsieur voulut me prouver sa reconnaissance d'une manière qui me froissa. Je demandai à partir, et rien ne put me retenir. Ce que je regrettai ce fut Madame ; je ne la croyais pas si près de sa mort. J'allai conter mes peines à la garde qui m'estimait beaucoup ; un jeune homme de bonne famille m'écoutait, et me voyant pleurer, me dit que mes larmes étaient des perles, qu'une personne comme moi ne pouvait qu'être heureuse, car pour moi, ajouta-t-il, si j'avais une fortune à vous offrir, je serais heureux d'être votre époux, mais je ne suis qu'un simple ouvrier, né d'une famille honorable. La garde-malade qui le connaissait me parla en sa faveur ; sa sœur vint me voir, me fit mille amitiés. Bref, il fut convenu que M. Gérard irait chez mes parents, me donnant quinze jours pour prendre des informations à Nancy, comme à Bar-le-Duc. Me voilà bien décidée à me marier. L'on régla les conditions, je reçus l'alliance et son portrait, l'époque fut fixée à un an. Me voici rentrée à la maison paternelle, mais je m'y ennuyais. Un ami de mon père, qui était gérant dans un château près de Sainte-Menehould, vint nous voir ; il dit qu'il voudrait trouver une jeune personne pour être placée auprès de Madame la comtesse de V, R. Les gages sont élevés, beaucoup de cadeaux ; si vous vouliez, me dit-il, je vous y conduirais, je suis sûr que la place vous conviendrait. Heureuse de quitter la maison, j'acceptai, je partis le même soir, je plus à Madame, je reçus vingt francs de denier à Dieu, je revins à la maison, et cinq jours après j'étais au château. Je fus, avec ma mère, prévenir **M. G.** de mon départ ; cette nouvelle l'affligea, il me pria de ne point l'oublier ; ce fut là qu'il me donna son portrait ; je lui promis le mien, mais je ne tins à aucune de mes promesses, car à peine s'il y avait un mois que j'habitais le château, que Madame voulut me marier avec le chef d'hôtel, avec des conditions qui m'assu-

raient un bien-être ; elle fit venir ma Mère, lui fit part de
ses intentions qui l'éblouirent; je montrai l'alliance et le
portrait de G. : c'est un détail, me dit-elle, mon homme d'affaires s'en chargera, puisqu'il demeure à Bar. Ma Mère fut
loin de me détourner : écoute Madame la Comtesse, me dit-
elle, qui veut faire ton bonheur et le mien. Je remis le tout
au Gérant qui partit reconduire ma Mère, heureuse de porter
une si bonne nouvelle à mon Père ; mais, sur le point de
partir, Madame me dit que je pouvais accompagner ma
Mère et me donna un congé de huit jours.

En passant à Bar, je vis la porte de G. ; mes larmes cou-
lèrent, l'intendant s'en apperçut; il voulut en tirer avan-
tage.

Nous arrivons chez lui ; il nous fit raffraîchir, et nous
montra son établissement qui était une blanchisserie de ca-
licot, puis nous remontâmes en voiture pour Ligny.

En arrivant, on raconte l'heureuse nouvelle. Mon père le
retient pour coucher. Que l'on juge du souper. C'était ce qu'il
désirait, car il voulait parler à mon père en particulier ; il
connaissait son cœur, et savait qu'il jouissait d'une grande
réputation, et lui avait besoin d'argent. Ils sortirent ensemble sous prétexte qu'il devait faire une course pour Madame, et emmena mon Père. Il le pria de lui rendre un service.

— Parle, lui dit mon père ; si je le puis, tu peux compter
sur moi.

— Je le sais, mais je crains ton épouse. Il me faudrait
quatre mille francs pour un an, en quatre paiements.

— Diable ! je ne les ai pas ; mais entrons là : M. R. M. ne
me les refusera pas.

Il entre, explique ses raisons ; il n'eut qu'à passer, et on
compta quatre mille francs à mon Père avec un billet que
M. R. lui présenta à signer. Mon Père regarde : « Mais
Monsieur c'est pour mon ami ; c'est lui faire affront, il est
quatre fois plus riche que moi. »

— Cela ne me regarde pas ; c'est à vous Jaladis que je prête.

— Je vais revenir, dit-il »

Lorsqu'il fut dehors, « mon cher G., lui dit-il, je ne puis te rendre ce service, ma femme s'y opposera, tu sais que si je suis pauvre c'est pour avoir trop répondu ; et qui répond paie. »

Cet homme sentit naître une vengeance, il l'exécuta, j'en fus la victime. Il retourna au château, et il fit une fausse confidence à la Comtesse et au fils qui était seigneur du village ; il leur dit qu'il avait découvert que les futurs époux, que madame allait unir, avaient le projet après leur noce de partir pour Paris, qu'il regrettait de trahir la fille de son ami, mais qu'il y avait dix-sept ans que Madame l'honorait de sa confiance, qu'il ne voulait pas la démériter.

On le remercia, et trois jours après, je reçus l'ordre de venir chercher ma malle ; ce fut un coup de foudre pour moi, et je l'eusse préféré. Cependant il fallut me décider ; j'arrive, on me fait faire deux heures d'antichambre, Madame me fait descendre ; je voulus savoir la cause de ma disgrâce. « Ne m'adressez pas de demande, vous n'êtes pas digne d'une réponse, » je me jetai à ses genoux pour la supplier ; ce fût en vain. « Voilà votre compte, me dit-elle, sortez d'ici, vous n'êtes qu'une hypocrite et une ingrate. » Elle sortit. Ce fut M. le comte qui me raconta la chose ; j'eus beau protester, je ne fus point écoutée, il me remit mon certificat, accompagné d'un billet de banque de cent francs, en me disant que c'était pour mon dérangement. On me donna un domestique pour porter ma malle ; je ne vis même pas mon prétendu époux, mais il me vit par quelque croisée ; je pris la voiture, j'arrivai chez mon Père sans avoir cessé de pleurer.

Ainsi, en moins de cinq mois, je manquais trois mariages, car M. P. A., son épouse morte, est venu me demander ma main, ma Mère me l'écrivit, ayant une aversion pour lui, quoique Commandant, et puis sa pension mourait avec lui, et il avait vingt-cinq ans plus que moi, je le refusai donc.

A peine deux mois s'étaient écoulés que je fus demandée par un noble; M. P. G. était son nom; celui-là avait dix-sept ans plus que moi, et garçon et un titre; j'acceptai, mais la famille s'y opposa, et le jour où le notaire devait venir pour passer le contrat, on retint M. P. G.; on avait fait venir une Demoiselle, petite cousine, qui était Dame de compagnie, à Paris, qui était sans fortune, le mariage eut lieu, malheureusement pour ce digne M. P. G., car elle le rendit très malheureux.

Pour moi, tant de déceptions altérèrent ma santé, et je fis une maladie qui mit mes jours en danger. Je fus la première malade qu'un médecin, nouvellement arrivé de Grenoble, visita; ma maladie fut si grave qu'il venait jusqu'à six fois, soit la nuit, soit le jour; il craignit d'avoir mal débuté; ce qui le tourmentait, c'est que la plus grande partie des notables du pays l'accablaient de visites, l'engageant d'employer toute sa science pour me sauver, que s'il avait ce bonheur, sa clientèle était faite. Un Monsieur lui dit que s'il me sauvait, il lui donnerait sa fille en mariage. Six semaines après, je fus hors de danger, et l'année suivante, il épousait une fille unique riche d'un million et demi. Lorsqu'on lui demanda sa note, il répondit que c'était lui qui nous devait et ne cessa jamais de nous rendre des visites d'amitié.

Me voici donc debout, pouvant reprendre mes travaux, bien résolue de ne jamais me marier. Par bonheur je n'avais pas fait de vœu. Je ne tardai pas à être demandée. Cette fois ce ne fut point un noble, un commandant, un protégé d'une Comtesse, pas même un fabricant de toile, ce fut un cordonnier; il était fils d'un meûnier, mais il était riche de vingt mille francs; pour une fille sans dot, cela flatte une famille; il était d'un petit village à deux lieues de Ligny. Jeune homme de bonne conduite, mais élevé par un père plus que dur, il avait l'air si timide que ça le rendait intéressant; il avait plus d'esprit qu'on ne lui en supposait, fin, rusé, n'ayant jamais su ce que c'était de dire une vérité, cet homme était né pour être bon et franc, s'il eût eu un Père moins cruel. Sa Mère était la meilleure des femmes; par ses souffrances elle doit jouir de la présence de Dieu. Eh bien, cet homme fut mon mari, le 15 juin 1825.

Sa conduite si édifiante, cette apparence de religion, car il allait à tous les offices ne songeant qu'à moi, mais cela ne faisait rien, on lui croyait tant de religion que les personnes qui m'aimaient, je puis dire tout le pays, me poussèrent à ce mariage, jusqu'à mon amie qui me disait :

« Que tu es heureuse! Moi qui n'aime point le mariage, s'il se présentait un homme comme M. Lette, je me déciderais bien vite. »

Hélas! j'ai eu l'homme, sans dot; je n'ai jamais vu la couleur de l'argent de son Père. Ce furent encore mes parents qui m'établirent; il en fut honteux, car il m'aimait, voulant braver son Père, lui faire voir qu'il pouvait se passer de lui; il me trouvait si jolie qu'il craignait que d'autres pussent me voir du même œil, ce qui lui fit songer à des choses qui me le firent prendre en dégoût, tout en le plaignant, car, je le répète, il m'aimait, mais il aimait aussi l'or; de l'or, c'est si beau pour l'œil de l'avare! oh! je ne le lui reproche pas, c'est que son Père ne lui en avait jamais laissé dans ses mains; il avait beau faire des souliers, cela ne lui rapportait pas autant qu'à son Père dans son moulin; il fit quelques extravagances près de son Père, qui firent souffrir sa Mère et moi.

Nous étions très-bien établis dans mon pays; nous nous brouillâmes avec nos propriétaires, pour une chose insignifiante, si bien je quittai la ville où j'avais été si aimée, sans que l'on me regrettât, quoique ce ne fut point moi qui fis la sottise; nous partîmes de Ligny, et, en moins de quatre ans, nous avons changé quatre fois de pays, Nancy, Metz, Barle-Duc et Paris, et tout ça sans faire fortune ; cela n'est pas étonnant, pierre qui roule n'amasse pas de mousse.

J'étais jeune, l'on me trouvait jolie, je pouvais gagner de l'or, mais ce n'était pas dans mes goûts, c'est malheureux, j'eusse été plus heureuse en ménage, n'étant point ambitieuse quoiqu'ayant manié bien de l'or dans ma vie ; je croyais qu'un état et l'amour du travail devaient suffire ; mais je n'avais pas compté sur les maladies, que les contrariétés d'un mariage mal assorti peuvent vous amener. Arrivés à Paris sans ressources et sans connaissances, nous cherchons de l'ouvrage, chacun de notre côté, et nous en trouvons ; mon mari n'en eut pas longtemps, faute de talent ; il ne trouva rien de mieux à faire que de se faire militaire ; il se vendit. Il fallut mon consentement. Quoiqu'il m'aimât, à ce qu'il m'a toujours dit, j'avais senti le poids de sa main et de son pied, avec souliers ferrés ; un seul me fit faire une fausse couche de 5 semaines, qui me fit porter à l'hospice ; mais je lui ai pardonné, il était si bon. Il ne pensait pas me faire tant de mal. Lui et sa mère en avaient tant reçu de son Père. Son corps y était fait ! Mais je ne l'aimais plus. Il vint me voir à l'hospice : nous parlons de remplacer ; je lui fis croire que je le suivrais, que c'était de la bêtise d'être sage et que j'étais encore jeune, qu'entrant avec lui, je pourrais rencontrer un chef qui serait notre protecteur. « O ma petite Victoire, si tu le veux, nous serons heureux ; tape là, dit-il, en me tendant sa main d'époux légitime..... »

Je ne balançai pas ; je sortis de l'hospice, et fus avec lui chez le marchand d'hommes. Il se vendit pour treize cents fr. Je ne partis point, et je restai à Paris, pensant le revoir après ses sept ans. Mais les sentiments changent, chez une femme, lorsqu'elle se voit seule, loin de sa famille et d'un époux que l'on croit prendre pour soutien et compagnon. Jeune encore, je n'avais que vingt-huit ans, j'avais été trop aimée dans ma jeunesse ; mon cœur y était accoutumé ; il ne put rester dans le vide, et j'aimais, non l'argent, mais un homme qui sut m'apprécier ; il était libre, et j'étais enchaînée par le mariage ; ouvrier et de bonne famille, il me jura de ne jamais se marier, et moi je lui promis de l'épouser si je devenais veuve. Il tint parole, il ne me quitta point ; ce fut moi qui le quittai, pour reprendre mon mari après vingt-sept ans d'absence.

Tant d'années changent bien les caractères; à peine si l'on se souvient d'être époux.

Mon mari avait vécu avec une femme qui l'avait suivi dans la troupe; il la ramena chez son père, où elle mourut peu de temps après; cela fit beaucoup de peine à mon pauvre homme, car il y avait quinze ans qu'il vivait avec elle: cependant, un mois de deuil lui suffit, il songea que j'étais à Paris, et seule. Il y avait un an que je n'avais plus D. C. J'avais le pressentiment que mon mari reviendrait dans l'année; je ne me trompai point, il alla rendre une visite à ma Sœur, et comme elle a beaucoup de religion, il sut faire le dévot, priant, pleurant. Ma chère Sœur fut sensible, pensant faire une bonne action, m'écrivit, me faisant tous les éloges de lui; moi, de mon côté, je pensais faire mon devoir. Je le reçus le 13 décembre 1855, hélas! pour mon malheur, car nous ne pûmes nous accorder. Je comprends mes torts, je le plains, je l'aime lorsque je ne le vois pas, je crois que c'est de la pitié, parce que je sais qu'il me chérit, quoiqu'il m'ait encore fait sentir le poids de sa main, c'est-à-dire de son poing; un peu trop de colère nuit souvent. A la suite de deux petits coups, il m'est survenu un dépôt qui m'envoya au même Hospice et dans la même salle, lorsque par un coup de pied j'eus une fausse couche d'un mois seulement; et trente ans après il m'y renvoyait pour y perdre un œil, mais il m'en reste encore un, et comme j'y tiens beaucoup, j'ai préféré la solitude au bonheur d'être en compagnie d'un mari qui m'aime, je vous assure, (il est si doux!), à part ses moments-là. Je suis bien ingrate, ou je le crains, c'est l'un des deux; mes Lecteurs en jugeront.

J'ai promis de donner une notice de ma vie; ce n'est qu'une partie de l'abrégé, c'est assez pour faire connaître que depuis l'âge de dix-sept ans, jusqu'aujourd'hui que j'en ai cinquante-neuf, ma vie n'a été que souffrances physiques et morales ; et que, malgré que je sois descendue bien bas, au point de devenir cartomancienne, j'en remercie encore Dieu, qui, en m'abaissant à ce degré, a bien voulu que tout le temps que je l'ai exercé je sois assez lucide pour me conserver l'estime, je dirai plus, l'amitié de ceux qui m'ont honorée de leurs visites, ayant conservé des adeptes dix et douze ans ; c'est qu'ils sont contents. Si je vous dis toutes ces choses, ce n'est pas pour vous engager à avoir foi aux cartes, non, loin de là, prenez toujours la chose comme distraction, tout en retenant ce que le hasard a permis de vous dire de vrai.

Pensant que tous les détails que je viens de vous faire ne vous intéresseraient pas beaucoup, car ce sont des choses que chacun de nous, sur cette terre, a pu éprouver, plus ou moins, je vais tâcher de vous distraire en remplissant cette petite brochure de quelques prédictions que j'ai faites, et qui se sont trouvées justes, et dans lesquelles beaucoup de personnes qui liront mon ouvrage se reconnaîtront, à Paris surtout. Si cette petite brochure pouvait aller à Chaville près Versailles, à Sèvres, à Boulogne et au Point-du-Jour, combien de personnes se reconnaîtraient, qui diraient, mais c'est bien à moi que telle chose est arrivée. C'est dans l'espoir qu'il ne restera pas dans l'indifférence que je vais citer quelques faits, afin de distraire mes Lecteurs et de les dédommager du premier chapitre.

CHAPITRE II

PRÉDICTIONS

Première. — Pour faire connaître à mes Lecteurs que
le destin me réservait cet art, je vais vous raconter ce que
j'ai prédit vingt ans avant que je l'adoptasse comme ressource
d'existence.

« J'avais vingt-sept ans : j'habitais Metz. Quoique pauvre,
il y avait en moi quelque chose que je n'ai pas compris, qui
me faisait aimer de la Société. Comme je faillis être tuée du
tonnerre, dans la forêt de Luzarche, je passais pour être
morte. Une Dame de charité, pour laquelle je travaillais, vint
me voir, et continua ses visites jusqu'à ma parfaite guérison.
Ayant la manie de me distraire en me faisant les cartes,
madame de L. C. me surprit un jour les cartes sur mes genoux ; je voulus les cacher ; il en tomba à terre ; elle sourit
et me dit : je vous ai dérangée, vous vous faisiez les cartes ;
continuez, me dit-elle, ou plutôt si vous vouliez m'en faire
un tour, ça m'amuserait beaucoup. Cette familiarité me fit
plaisir ; je les lui fis, je pris un vieux jeu Egyptien qu'une
bonne femme de Nancy m'avait donné, et me mis en devoir.
Voici ce que je lui prédis :

« Vous portez vos pensées sur votre demoiselle ; vous dé-
sirez la marier ; un jeune homme bien élevé vous demande
sa main ; mais votre demoiselle désire se faire religieuse,
vous ne pourrez l'en détourner, elle prendra le voile d'ici
quelques jours, vous verserez bien des larmes ; vous allez être

victime d'un vol, ce ne sera pas de l'argent mais des effets quelconques qui vous feront un grand tort dans vos économies. »

Cinq jours après, elle revint, affectant une grande joie, me priant de lui faire un petit tour de cartes, qu'elle avait une espérance. Je pris mon jeu, je lui dis: « Je regrette infiniment, Madame, de vous dire que je ne vous vois point dans la joie d'une espérance ; je vois l'approche d'une ruine dans votre maison, si toutefois cela ne vous est pas arrivé, car le deuil vous entoure comme si vous veniez de perdre quelqu'un. Cependant je ne vois pas de mort.

— C'est étonnant me dit-elle, vous avez plus de talent que celles qui en font leur état ; c'est vrai, je suis volée, il ne me reste plus de linge, et je ne faisais la lessive que tous les ans. » J'avais dit vrai.

Deuxième. — Quelques jours après, la nourrice de la Demoiselle de Madame de L. C. vint la voir ; elle lui raconte son malheur et ce que je lui avais prédit ; elle la pria de la conduire chez moi. Elle n'en fait pas son état, lui dit-elle, je doute qu'elle veuille vous les faire ; comme je viens de vous dire, c'est que je l'ai surprise à se les faire ; je vais vous donner un mot, et, de ma part, peut-être ne vous refusera-t-elle pas. Cette femme vint me souhaiter le bonjour de la part de madame L. C. et me présenta sa lettre ; je ne pus refuser, et tout en riant de mon talent, je me croyais Cartomancienne, je lui dis :

« Vous avez une fille qui vous cause bien des peines, et vous fait verser des larmes ; elle aussi en verse, car elle a commis une faute qui ne peut se réparer que par un mariage. Ce jeune homme l'épousera ; il n'a pas de fortune, et s'il a séduit votre fille, c'est pour que vous la lui donniez en mariage ; mais ce jeune homme fera son chemin ; il sera bon père, bon époux et bon fils. »

Cette femme versa un torrent de larmes, et me pria d'accepter un poulet. Le mariage eut lieu ; c'était à la campagne ; je ne fus point à la noce, mais je reçus mon cadeau.

Troisième. — Quand on est riche, les pertes ne sont pas si sensibles que chez les pauvres. Madame D. L. avait remplacé tout son linge, et son deuil était passé. On était dans la saison des fêtes. Il y eut un dîner, chez des personnes de distinction. Cette dame me fit l'honneur de me conduire à un spectacle qui se donnait au profit des pauvres ; ces personnes y étaient et lui demandèrent qui était cette petite dame qui l'accompagnait ; elle le leur dit, et raconta sa faiblesse pour les cartes. On rit beaucoup ; on la pria de se charger de m'amener ; au fait, dirent-ils elle a l'air très-distingué et doit savoir se présenter. Oh oui, dit Madame D. L., elle est très-pauvre, et tout en elle présente la noblesse ; je vous l'amènerai ; elle ne sait rien me refuser. Oh ! comme nous allons nous amuser ! dirent les dames. Vous nous permettrez de partager le plaisir, dirent ces Messieurs. Madame D. vint me prévenir de cette soirée trois jours d'avance et suppléer à ma toilette, en me priant de ne pas oublier mes cartes. — Je ne fus pas à mon aise, mais je n'osai refuser.

En entrant, je sus assez me présenter pour que je fusse accueillie de tous les convives ; et puis n'avais-je pas madame D. D. Lorsque l'on fut au dessert, on fit tomber la conversation. On ne manqua pas de faire des éloges sur les personnes qui possédaient ce talent. Bref, l'on me pria. Le plus âgé voulut être le premier ; il avait soixante-dix ans. « Tirez quinze cartes Monsieur, lui dis-je, ah ! je me trompe, je devrais dire Monseigneur. Pourquoi me dit-il. Et tous les assistants se regardèrent, parce que Monsieur est comte ou prince. Dans tous les cas, vous fûtes prince d'église ; vous avez abdiqué la crosse pour un mariage pour sauver votre tête ; vous êtes veuf ; vous avez un ou deux fils qui sont à la cour. — Oh ! c'est trop fort, dit-il cette, petite dame a été instruite. Madame D. L. parut froissée, car cela paraissait s'adresser à elle.

Quatrième.—Voyons, dit un Monsieur qui pouvait avoir soixante ans, à mon tour, je vous prie. J'étais un peu tremblante, je demandai un verre d'eau, on me fit prendre du madère, puis je me mis à l'œuvre.

« Vous, Monsieur, vous êtes noble aussi. La mort de votre épouse fut sinistre ; non, elle est morte de chagrin, en prison ; mais un de vos frères ou le sien est mort par le glaive. Il vous reste une parente, jeune femme, mais elle n'est plus noble, elle a fait un mariage d'amour ; son mari n'en est pas fâché, il l'aime beaucoup ; quoique sans fortune, ils sont heureux. C'est vous, Monsieur, qui tenez cette fortune ; leur sort est assuré ; ils vous aiment quoique vous vouliez être sévère pour Madame votre nièce ; votre pensée est de les rendre heureux sous peu, car votre cœur souffre. »

Ah ! par exemple, personne ne connait ma pensée ; je dois rendre justice au talent de madame, et il me prit la main.

Cinquième. — Une jeune dame me pria de vouloir bien lui faire les cartes ; je ne pouvais laisser les dames en arrière ; je passai près d'elle, et les lui fis.

« Vous êtes bien jeune, lui dis-je, pour être mariée ; vous êtes enceinte d'une fille. Je lui demande la permission de lui dire deux mots à l'oreille, elle y consent. C'est votre grossesse, lui dis-je, qui vous a fait marier ; vous étiez enceinte avant. Oui, me dit-elle. Puis tout haut : soyez tranquille ; avant peu vous jouirez d'une grande fortune, par un héritage. »

Merci, me dit-elle, je me souviendrai de vous.

Sixième. — Un autre monsieur voulut passer près de moi.

A lui, je lui dis qu'il n'était point noble, mais qu'il avait une charge que je ne pouvais définir, mais qui l'obligeait d'aller souvent à la cour ; qu'il était veuf, qu'il avait deux enfants, fille et garçon, qu'ils habitaient une grande ville pour cause de maladie, qu'ils ne possédaient pas toutes leurs facultés ; qu'ils étaient aveugles ou sourds. Ils étaient sourds et muets. On ne ria pas autant qu'on l'avait espéré ; la société fut plutôt grave que gaie ; on me remercia, et on me fit promettre de revenir à la prochaine soirée.

Il se faisait tard, je demandai la permission de me retirer, l'on me fit monter dans la voiture de l'un de ces messieurs, et l'on me ramena jusqu'à ma porte. Je me couchai heureuse d'avoir pu distraire des personnages aussi élevés ; cela vaut mieux que de l'argent. Ils ne peuvent pas dire que je suis tireuse de cartes. Mais quelle ne fut point ma surprise ! Lorsque je renfermai ma toilette, je trouvai cent vingt-cinq fr. dans mon sac; quoique je fusse dans un état de gêne, mon amour-propre fut froissé; je courus chez Madame D. L. C. ; je lui contai l'affaire. Ne vous faites pas de peine, me dit-elle, on connait votre position et votre délicatesse ; c'est pour quelques frais de toilette, car l'on vous redemandera; savez-vous que vous avez dit vrai? Le monsieur aux enfants muets est premier conseiller à la Cour Royale ; la jeune personne est la petite nièce du baron. Oh! quand elle recevra sa dot, elle vous fera un beau cadeau, pas pour vos cartes, mais parce que vous avez plu à toute la société.

Je quittai Metz par une circonstance dont je ne puis faire le détail. J'ai prévenu mes lecteurs que je ne parlerais que de mes prédictions, et j'arrive à Paris où je les fais encore pour le plaisir d'être agréable : ce ne fut qu'en 1845 que j'en fis mon état. Mes lecteurs comprendront que je ne puis énumérer toutes ces prédictions, et que je citerai seulement celles qui pourront intéresser le public.

Septième.—En 1846, une jeune personne, aux traits distingués, vint me consulter : « Vous êtes bien jeune, lui dis-je, pour être au rang des femmes, sans pour cela être mariée. Vous ne croyez pas être abandonnée, et vous l'êtes. L'homme qui vous a déshonorée, est absent ; il voyage pour le commerce ; il est dans une grande ville de province ; vous venez de recevoir une lettre qui vous donne l'espoir de son retour, ne le croyez pas ; il va se marier ; si vous faites le voyage, vous le verrez couché avec une femme ; votre présence l'intimidera ; son cœur reparlera pour vous et vous le ramènerez ; le mariage s'en suivra ; mais partez de suite, ou vous le perdez. »

Elle suivit mes conseils et partit pour Rouen. Elle arriva le matin, et le trouva couché avec une jolie blonde. Huit jours après, elle le ramena à Paris. Au bout de deux mois, j'assistais à la messe de son mariage, à l'église des Petits-Pères.

Cette bonne petite créature me fit connaître dans la ville. Lorsqu'elle fut mariée, elle conta la chose à son mari, qui venait souvent me voir avec elle, et tous deux riant beaucoup de cette aventure.

Huitième. — Un monsieur au front bombé et presque chauve, quoique très brun, n'ayant pas encore la quarantaine, sa mise, son parler, annonçaient l'homme du monde, me demande une consultation.

« Monsieur, lui dis-je, mes cartes disent que vous êtes veuf, avec un enfant, c'est une demoiselle. Vous cherchez à vous remarier avec une veuve ; vous avez été dans la magistrature ; aujourd'hui, vous êtes employé dans une maison d'industrie. La veuve sur laquelle vous portez vos pensées est à la tête de cette maison ; tout lui plaît en vous ; mais une maladie que vous avez l'afflige beaucoup.—Serait-ce mon haleine par hazard?—Je l'ignore monsieur. Il s'approcha de moi, et je m'aperçus qu'il sentait le bouc. La veuve habitait le quartier Montorgueil. Je sus que le mariage n'eut pas lieu, et que ce monsieur avait été maire.

Neuvième. — Un autre jeune homme vint pour savoir s'il allait se marier. J'ouvre mon jeu et lui dis qu'il ne venait pas pour cette chose, qu'il était marié, que son épouse était à la campagne, et qu'elle ramènerait son garçon qui se portait bien. Vous êtes si bien habillé, l'on dirait que vous êtes rentier, et je vous vois domestique; mais vous êtes à la cour, où vous servez un prince du sang. Vous quitterez cette place par un grand malheur qui plane sur vos maîtres. Oh! mais vous êtes à la cour, lui dis-je, car je vois la chute du Souverain, je vois ici bouleversement, émeute populaire; enfin, monsieur, je plains les maîtres que vous servez; l'exil les attend. C'était en 1847, au mois d'août; l'on sait ce qui arriva en 48.

Dixième. — Une dame vint chez moi, en voiture de remise qui l'attendit : sa mise était simple mais riche : Madame, pouvez-vous me faire les cartes. Je lui présente un fauteuil, comme je fais pour une comtesse.

« Vous êtes domestique, lui dis-je, mais dans une maison princière. Vous n'y resterez pas longtemps; une intrigue d'amour apportera le deuil dans cette maison. Votre maîtresse pleure souvent; elle sait qu'elle est victime de cette intrigue; ce n'est pas elle qui fait cette faute. La vierge, l'évangile, la campagne... elle puise son courage dans la religion. Oh! je ne puis continuer. Pourquoi? me dit-elle. Je vois un trop grand malheur. — Parlez, je vous prie. — Eh bien, lui dis-je, je vois la mort de votre maîtresse; c'est une mort sinistre. La justice vient une fois, et met une personne noble en prison; je vis bien que c'était le mari, mais je n'osai prononcer le mot. »

La noble épouse fut assassinée, la maîtresse et le mari furent

mis en prison ; le mari y est mort........, plusieurs personnes
se rappelleront cet assassin.....

Onzième. — En décembre 1847, un employé qui venait
très-souvent faire ma partie de piquet, ce qui me distrayait
beaucoup, vint un soir avec deux amis. Je crus qu'il venait
pour faire une partie: Je viens, me dit-il, pour que vous fas-
siez un tour de cartes à mon ami. Voici ce que je lui dis :

« Monsieur, votre pensée se porte sur une entreprise que le
hasard favorise quelquefois, mais dont la chance n'est pas
durable. Vous venez de recevoir une nouvelle de mort ; mais
cela est faux ; cette nouvelle vous conduit à une ambition ;
gardez-vous d'y croire ; c'est une chose populaire ; vous êtes
menacé d'un accident, vous n'en mourrez pas, mais vous
vous battrez et vous serez blessé. » Le 28 février, une balle
lui traversa la main, dans la rue Grenéta.

M. Charles me dit : il y a du vrai dans tout ce que vous
venez de dire. Quant à la blessure, c'est de l'avenir ; mais la
nouvelle, que vous dites être fausse, est exacte ; le roi est mort.
Je devins pâle de m'être trompée. Voyons, faites-moi un tour.
Je vous ai mise au courant, ça vous aidera. Je range mes
cartes, et je m'écrie : non ; il n'est pas mort ; la nouvelle n'est
qu'une ruse de spéculation ; la cour est en deuil, mais par sa
chute prochaine ; je parie avec vous, si vous voulez. Tout le
monde sait que Louis-Philippe est mort à Londres longtemps
après. A cette époque, je demeurais rue Beaurepaire, 17.

Douzième. Un homme vint pour me consulter. Je lui dis
qu'il était père de famille, qu'il serait heureux en ménage,
s'il avait l'argent nécessaire pour que son épouse et ses enfants ne manquassent de rien, mais qu'il n'avait pas d'ouvrage,
ce qui l'inquiétait beaucoup. Votre pensée s'arrête sur l'avenir et le dégoût de la vie ; vous portez aussi vos pensées sur

une mort sinistre. Si parfois vous vous promenez, vous portez vos pas du côté de l'eau. Je vis que cet homme devait se noyer, et que la Providence ne le suivait pas. Je finis par l'encourager, lui dis qu'il aurait de l'ouvrage sous peu, je l'engageai à revenir me voir, que je ne lui prendrais rien, qu'il me paierait plus tard.

Hélas! je ne le revis plus. Quelques jours après, deux femmes vinrent me voir. Comme d'habitude, je travaillais; je dis à une d'elle: vous êtes bien inquiète sur un homme qui doit être votre mari, car vous êtes mariée, vous avez deux petites filles, vous étiez heureuse en ménage, et cependant je vois dans votre époux un départ furtif, et de longue durée. Je vis la mort de son mari, et par l'eau; mes lèvres ne pouvaient plus s'ouvrir, une sueur froide parcourut tout mon corps. — Parlez donc, madame, si vous le voyez dans une maison de femmes, c'est qu'il y aurait été entraîné. Parlez, je vous prie. — Oh! non, lui dis-je, rassurez-vous, vous le croyez mort, et par l'eau; et, tout en fixant sa compagne, je lui fis signe qu'il était mort. C'était les deux sœurs, je l'ignorais. Eh bien, il est mort, lui dit-elle, madame vient de me le dire. Sur ce, je me trouvai mal, au milieu des cartes; ma bonne arriva et me porta secours. Revenue à moi, je fis un reproche à sa sœur; je pensais qu'elle aurait d'sposé sa sœur à cette nouvelle si fatale; je consolai la veuve de mon mieux, je lui assurai qu'elle le retrouverait. Quinze jours, trois semaines s'écoulèrent; cette malheureuse venait presque tous les jours sans espoir; toujours mes cartes disaient qu'elle le retrouverait et qu'elle le ferait enterrer. Il y avait trente-trois jours qu'il était noyé, lorsqu'on le retrouva dans la Seine, retenu par un batelet près d'Issy.

Treizième. — Dans le courant de septembre 1850, une dame veuve, mère de deux enfants, vint me consulter pour son établissement qu'elle voulait vendre. Je lui dis qu'elle vendrait son fonds, mais après qu'elle aurait vendu une autre propriété, et qu'elle ferait bien d'accepter le prix qu'on lui en offrirait, ce qu'elle fit ; elle en trouva 24,000 fr. Je lui dis que sa demoiselle, toute jeune qu'elle était, aimait un militaire, et qu'elle se marierait avec lui. — Que me dites-vous ? ma fille n'a que 15 ans et ne me quitte pas. —Non, lui dis-je. mais elle reçoit des lettres ; mais tranquillisez-vous, le jeune homme qui est de bonne famille, plus riche que votre fille, ne veut que sa parole, et ne cherchera jamais à la tromper ; il est gradé, un autre grade l'attend ; c'est là où il vous demandera sa main ; mais il partira ; une légère blessure le montera très-haut. Vous éprouverez un revers d'argent au moment de ce mariage, mais il tient à votre demoiselle et rien ne le fera manquer à sa parole. Le jeune homme fut nommé capitaine en Crimée sur le champ de bataille et revint épouser sa Virginie, aussi pure que le jour de son baptême. Lui, poursuit sa carrière militaire, et son épouse, chérie des deux familles, vit près de sa mère.

Quatorzième. — Une femme vint me voir dans le mois de janvier 1848. « Madame, me dit-elle, je viens vous consulter. Si vous avez autant de talent qu'il m'a été dit, je suis à même de vous envoyer beaucoup de monde.

Je commence par lui dire qu'elle était veuve : Vous avez trois enfants, deux garçons et une fille qui ne se mariera jamais : elle a une maladie de foie, elle est estropiée, elle est jolie et spirituelle. Dans le cours de 18 mois, vous la perdrez. Votre fils aîné sera militaire ; quoique vous soyez veuve il s'engagera, mais il n'y restera pas longtemps ; le dernier, le plus jeune, vous le perdrez cette année par une maladie contagieuse ; ce sera très-heureux pour vous, car il a le vice du vol. Quant à vous, vous vous causez bien du chagrin pour un homme qui ne vous aime que parce que vous faites du commerce avec lui, il vous quittera ; vous connaîtrez un

homme qui vous volera et vous battra ; vous vous ruinerez.
Croyez-moi, fuyez cet homme, il est brun et fait du commerce.
Je ne puis vous dire son état. »

Tout ce que j'ai prédit à cette dame est arrivé, sa fille est
morte en 1850 ; son fils s'engagea dans les Mobiles, en 1848 ;
le troisième est mort du croup à onze ans, et avait déjà volé
trois fois ; et l'homme brun, qui lui a volé ses actions sur le
trésor, était fabricant.....

Quinzième. — Une amie de la personne dont je viens de
vous parler, demeurant toutes deux dans la rue Saint-Mar-
tin, elles vinrent ensemble. L'une était fabricante de chaus-
sures, et l'autre fabricante de bijoux en faux.

Je dis à cette dernière : madame, vous êtes mariée en
secondes noces, mais vous êtes séparée en justice ; votre mari
est à l'étranger ; il va revenir, vous ne le verrez pas ; il en-
trera dans un hospice où il mourra. Il a un fils qui apprendra
sa mort ; il viendra avec la justice pour mettre les scellés ; vous
ne serez pas chez vous, mais deux femmes vous rendront de
grands services ; dans trois mois vous verrez que je vous ai
dit vrai, vous serez veuve.

Deux mois après, son mari était revenu d'Amé-
rique. Il entra à la Pitié. Ses amies lui en apprirent la nouvelle ; elle ne les crut pas, elle répondit que cela n'était pas ;
il mourut sans la voir ; son beau-fils l'apprit, fit venir les au-
torités pour faire poser les scellés ; comme elle était absente,
ils s'en retournèrent ; deux voisines cassèrent un carreau, en-
levèrent ce qu'elles purent, le mirent chez elles jusqu'à son
retour, et firent remettre la porte en état. Ces femmes lui
rendirent donc un grand service : sans elles, cette pauvres
femme aurait été sur le pavé. Mes cartes avaient dit vrai.

Seizième. — Une actrice, femme charmante et jolie,

m'a consultée pendant huit ans, ce qui prouve qu'elle n'eut jamais à se plaindre de moi. Je ne puis citer ici tous les faits, je parlerai d'un seul : un jour je vais la voir ; « Vous arrivez bien, me dit-elle, vous allez me faire un jeu. — Vous êtes bien en peine, lui dis-je, il vous faut de l'argent, vous voulez vendre quelque chose, mais ne le faites pas ; vous savez que je vous ai prédit cette gêne, mais que vous recevriez une somme qui vous remettrait à flot ; cette somme, que le hasard vous fournit, vous la toucherez avant huit jours, vous savez que je ne vous mens pas.—Dieu le veuille, me dit-elle, mais, comme vons dites, c'est le hasard, car je n'attends rien de si fort. Cinq jours après, elle avait gagné dix mille francs ; elle remplit ses engagements ; il lui en resta ; aussi, elle fut toujours charmante pour moi.

Dix-septième.—Son amie, aussi belle, bonne à l'extrême, et dont j'ai gardé la confiance douze ans, vint me voir un jour. Je lui dis qu'elle avait la pensée d'avoir une explication avez le supérieur du théâtre, pour une question d'intérêt qui lui ferait perdre son emploi pour longtemps, qu'elle la reprendrait plus tard, mais que cette chose lui serait sensible, encore plus par amour-propre que pour la perte. Croyez-moi, lui dis-je, fuyez votre pensée. » Elle suivit son idée ; ce que je lui avais prédit lui arriva ; sa beauté, ses talents, la firent redemander 18 mois après.

Vers le 20 février 1848, un Monsieur très-bien mis, les manières très-distinguées, vint chez moi et me dit: « Madame, je désire vous consulter.—Volontiers, Monsieur, lui dis-je, et lui présentai un fauteuil.

Vous êtes étranger, et vous n'en avez pas l'accent. Vous êtes marié ; votre épouse est plus jeune que vous de dix à douze ans — c'est un mariage d'amitié. Vous êtes noble, et vous êtes bien pauvre ; des billets que vous ne pouvez payer vous tourmentent, mais une lettre qui vous annonce la mort de votre père, vous fait rentrer dans une grande fortune, et vous héritez de son titre. » Sa lettre était dans son portefeuille ; il fut riche et admis à la Chambre des lords ; il avait quarante ans.

Quelques jours avant la Révolution de février (1848) il me vint un monsieur qui me saisit par sa prestance, un bel homme, je vous prie de le croire ; ses traits respiraient la bonté ; cependant il y avait chez lui quelque chose de martial et de belliqueux, une chevelure noire ornait une tête de romain, un front haut et très découvert, avec cela une peau de satin que bien des dames voudraient posséder, son embonpoint le faisait paraître plus âgé ; enfin ce monsieur me dit sans façon qu'il désirait me consulter. Dans mon premier jeu, je fus surprise de voir mon consultant, si riche en habits, et si pauvre en espèces pécuniaires ; je crus un moment que mes cartes me trompaient : je compte et recompte, je ne voyais que dette et prison, je me décide à parler, Je lui dis : « Monsieur doit voir que je me trouve gênée pour m'expliquer, c'est que votre personne représente l'homme du monde, et mes cartes disent que vous êtes bien pauvre. — Il ne faut pas toujours s'en rapporter à l'apparence, dites ce que vous voyez. — Eh bien, lui dis-je, je vois que la prison vous attend.—Ah ! diable et pourquoi ? —Mon Dieu, pour des billets que vous ne pourrez pas payer ; vous croyez faire un emprunt, on vous l'a promis mais l'on vous desservira, et cette porte vous sera fermée. »

Mon consultant devint pensif, passa sa main sur son front pour relever une jolie touffe de cheveux qui l'échauffait sans doute.

« Vous êtes dans le vrai, me dit-il, mais poursuivez. —Je pris un autre jeu. A ma grande surprise, je vis que cet homme deviendrait grand, riche, et qu'il ferait parler de lui. Oh ! monsieur, lui dis-je, quel changement notable pour vous, et prochain, grand bruit populaire, nouvelle qui étonnera toute la France. Vous vous mêlez de politique ou vous servez l'Etat; vous serez reconnu traître, car voici la chute du souverain, et je vous vois dominer sur le peuple. La renommée vous couronne, une étoile nouvelle brille sur vous, mais prenez garde que l'ambition vous perde, et qu'un revers ne vous arrive, au milieu de votre succès. Cette carte m'annonce que vous apprendrez à vos dépens que la chance ne vous sera pas durable; vous serez pris dans un piège, dont vous aurez peine à sortir. Vous en sortirez, mais la honte vous couvrira. »

Je reviendrai vous voir, me dit-il, voici dix francs, et si je réussis, je penserai à vous, et vous récompenserai. » Il partit et je ne le revis plus; je voyais souvent de sa famille, qui me consultait pour lui lorsqu'il fut exilé, car il fut représentant du peuple, puis par une grande faute qu'il commit, il perdit toute la considération du peuple, qui avait mis sa confiance en lui; plusieurs mêmes demandèrent sa tête, mais il se cacha, et Londres fut son lieu de refuge. Je connus son nom lorsque je vis son portrait; il est remarquable par son front et sa chevelure noire.

Qui n'a pas connu M. L. D. R.... ?

Une dame, à laquelle j'avais prédit que sa position précaire allait changer par un mariage très prochain, et qu'elle serait rentière. — Elle se mit à rire. Comment voulez-vous que je me marie avec un homme riche? J'ai trente-sept ans, et je ne suis ni jolie, ni coquette. Tout cela, lui dis-je, ne m'empêche pas de vous dire que dans trois mois, quatre au plus, vous serez mariée à un veuf sans enfants. Si tous les mariages que j'annonce devaient être aussi heureux, je les engagerais toutes à se marier. » Cinq mois après elle était mariée comme je le lui avais prédit; elle ne me fit point de cadeau, mais elle m'envoyait du monde.

Un jour elle vint avec une dame étrangère, parlant très bien français, une voiture les avait amenées et attendait devant ma porte. « Madame, lui dis-je, vous allez bientôt faire un voyage à l'étranger, si c'est votre pays, il y fait chaud. C'est en Italie ou en Espagne. Vous êtes demoiselle, vous n'avez plus les auteurs de vos jours, vous êtes sous la domination d'un parent qui tient votre fortune et votre liberté dans ses mains. C'est un homme qui est despote. Sa mort vous rendra libre de vous marier, mais vous verserez bien des larmes, car il mourra d'une mort honteuse; la loi de votre pays le condamnera et il sera reconnu coupable d'un projet déloyal contre la personne d'une souveraine. » Le hasard voulut encore que je dise vrai. Deux ans après, je revis cette demoiselle, qui fit le voyage d'Espagne, cette fois pour me voir, et me donna trois cents francs en billets, qui me firent bien plaisir, car je me suis souvent ruinée en secourant mon prochain. A cette époque, je demeurais faubourg Poissonnière, n° 77. C'était en 1850.

Une dame du quartier, personne très-respectable, quoique veuve, tenait un commerce de vins ; comme elle avait une fille et un garçon, elle ne voulut pas se remarier. Elle avait pour aide un garçon de cave. Sa demoiselle de 16 ans était jolie comme l'amour. Sa sagesse, sa candeur, l'amitié qu'elle avait pour sa mère la rendaient encore plus belle. Cette jeune fille tenait le comptoir; sa cousine, femme âgée, faisait les gros ouvrages. Cette dame enfin voyait tous les jours des voitures stationner devant ma porte, et, comme elle me fournissait, elle me pria d'être seule sur les 10 heures du soir, qu'elle désirait me consulter; elle me dit franchement le motif, et que c'était pour savoir si elle gagnerait à la loterie. — Je vous attendrai, lui dis-je en riant, je n'aurai pas de peine à chercher votre pensée puisque vous me la dites; alors à ce soir. — Elle tint parole, et je me mis à l'œuvre.

« Chère dame, lui dis-je, quant à votre loterie, n'y comptez pas, loin de gagner le gros lot, vous n'aurez même pas le

petit ; mais je vois une chose de laquelle il faut vous
défier ; vous avez un domestique qui vous vole depuis longtemps. — Oh! c'est impossible, me dit-elle, je connais sa
famille, surtout son père, qui reste à Montigny et François
est resté huit ans garçon de cave chez un ami de mon mari
qui a vendu son fonds, et depuis ce temps il est chez moi; il a
acquis ma confiance. — Eh bien, prenez toutes vos mesures
pour le surprendre vous le prendrez sur le fait avant le jour
de l'an. »

C'était dans le mois de novembre que je lui prédis toutes
ces choses : jusqu'au 28 décembre, elle ne put le surprendre,
quoique convaincue qu'il la volait; elle me consultait souvent; trois jours avant, je lui dis de redoubler de vigilance.
Trois jours ne se passèrent pas sans qu'elle le surprit la main
dans le comptoir: c'était le 1er janvier 1851. Cet homme de
confiance avait placé 8000 francs au trésor, en très peu de
temps. Il eut peur de la justice et s'asphyxia le même jour ;
pour l'honneur de la famille, on fit croire qu'il s'était fait
mourir par suite d'un amour malheureux ; il n'y eut que le
père qui le sut, et qui remit une somme de 1100 fr. à cette
dame. Malheureusement les cartes avaient dit vrai. Pendant
l'espace de près de trois ans qu'elle me consulta, je lui prédis
bien des choses, mais plus heureuses ; et si mon livre tombe
entre ses mains, elle et sa demoiselle, se reconnaîtront bien.

Un jour, il m'arriva deux messieurs : l'un pouvait avoir
50 et l'autre 25 ans ; le plus âgé demanda à me consulter.
Dieu ! qu'il avait l'air bon et noble! que ses traits étaient distingués! Ce jour là, je n'étais pas gaie quand je les reçus,
j'avais les larmes aux yeux ; il s'en aperçut.

« Nous venons dans un mauvais moment, vous paraissez
triste, je crains que vous ne soyez pas lucide, et nous reviendrons demain.

3.

— Comme vous voudrez, monsieur, lui dis-je, mais je vous assure que ma lucidité ne me fera pas défaut.

— Eh bien, essayons.

Je lui fis les cartes. « Vous êtes célibataire, lui dis-je, une femme vous a fait renoncer au mariage ; c'est madame votre mère ; vous portez tout votre amour sur elle, vous êtes noble, et presque sans fortune par suite de pertes considérables ; l'on vous doit beaucoup d'argent que vous n'aurez jamais ; vous portez vos pensées sur des entreprises que le hasard seul peut favoriser, mais la chance n'est pas durable ; cependant vous y gagnerez de l'argent, ces jours-ci.

— Allons, me dit-il, je vois que vous avez des talents ; vous êtes souffrante, je ne veux pas vous fatiguer davantage, nous reviendrons demain à midi. Voici 5 francs, renfermez vos cartes et je vais vous dire ce qui nous amène ; vous avez déjà travaillé pour des personnes qui jouent à la Bourse.

— Oui, monsieur, deux fois, un maître tailleur qui est mort il y a près de huit mois, et pour une veuve qui a beaucoup de chance, mais elle se hasarde peu, c'est un homme qui travaille pour elle.

— Eh bien, nous venons pour cela, et vous avez touché sur la corde ; nous viendrons tous les jours à la même heure, pendant trois jours, nous serons spectateurs, nous remarquerons si vous ne vous êtes pas trompée pour les heures de hausse et de baisse ; le 4me jour nous suivrons vos conseils, mais je dois vous prévenir que vous ne serez pas payée chaque fois, mais vous serez pour un tiers dans le gain. Dans douze jours, si nous gagnons, vous serez comme nous, ainsi à demain. »

Ils partirent : le lendemain je fus juste et pas une minute d'erreur, ni pour les nouvelles que l'on faisait courir dans les coulisses, ni pour la hausse et la baisse. Le lendemain ils revinrent contents de moi, et regrettant de ne pas avoir agi Cependant ils éprouvèrent le second jour, il en fut de même : le troisième, ils se hasardèrent faiblement, car je reçus pour

ma part la somme de 209 fr. Ce fut une fête pour moi d'avoir
dit si juste. Ce bon monsieur me dit qu'il allait hasarder une
plus grosse somme, que s'il gagnait, cela me ferait du bien :
ce qu'il fit, malheureusement, madame sa mère se trouva à
l'article de la mort, il fut obligé de partir pour Beauvais ;
ce fut le jeune homme qui me consulta à sa place. Comme
l'un était légitimiste, l'autre r .., ils n'avaient pas la même
vue, je lui prédis qu'une grande nouvelle politique amènerait
une hausse considérable à la Banque. — C'est pour la Pré-
sidence ? — Vous vous trompez, lui dis-je, je ne puis vous
guider dans votre travail, je ne sais pas jouer à la Bourse ; ce
que je puis vous dire, c'est que Napoléon triomphera et que
la Banque haussera de plus de 15 fr. ; elle monta à 20. Si ce
monsieur de Beauvais fut resté à Paris, j'eusse eu la gloire de
dire vrai, et le bonheur de gagner ; mais cet honnête homme
perdit sa mère et son argent, et partit pour la Nouvelle-Or-
léans. Ce fut le jeune homme qui vint m'annoncer cette triste
nouvelle, regrettant de ne pas m'avoir écoutée.

Une jeune femme de la rue Jacob vint me voir : je lui dis
qu'elle était bien jeune pour être veuve et remariée, que son
premier mari était mort fou ; qu'elle serait veuve encore pro-
chainement, que son mari, quoique ce fut un homme comme
il faut, buvait plus d'alcool que de vin, et qu'il mourrait fou ;
qu'elle était enceinte d'une fille, qu'elle serait veuve avant
d'accoucher, qu'elle se remarierait en troisième noce avec une
personne qui avait une place du gouvernement. Le premier
était receveur des contributions, le deuxième était établi
boulanger, le troisième est employé. Elle peut avoir actuelle-
ment 42 ans.

Sa sœur voulut aussi me consulter. Elle était demoiselle,
quoique ayant 45 ans, mais bien établie, tenant un hôtel
dans le quartier Saint-Germain, très connu pour ne recevoir
que des personnages. Je lui prédis qu'elle se marierait avec

un homme qu'elle connaissait : vous savez, lui dis-je, que c'est un honnête garçon, sans fortune, mais un bon emploi se présente : quoique plus jeune que vous, vous ne l'aimez pas, et cependant vous l'épouserez, et vous serez veuve. Je lui dis aussi qu'il se ferait un vol considérable dans sa maison au préjudice d'un de ses locataires, que cela lui donnerait un grand tourment, mais que le voleur, qui serait un domestique, serait reconnu et qu'il rendrait presque tout l'argent. »

Le mariage eut lieu, le veuvage, et le vol fut commis au préjudice d'un grand personnage, chef d'église.

Un de leur frère voulut aussi me consulter : « je lui dis qu'il ne se marierait jamais ; qu'il avait tout pour être un honnête homme, mais qu'il était faible de caractère, que la société le perdait, et que s'il continuait à boire qu'il mourrait malheureux. Je vois un grand deuil chez vous, je ne sais lequel de votre père ou de votre mère, mais, dans tous les cas, ils se suivront de près. » Effectivement, en trois jours de temps ils furent en terre tous les deux ; la mère avait 77 ans, elle mourut la première et le mari avait 80 ans.

S'il fallait que je racontasse ici tout ce que j'ai prédit, je n'en finirais pas, ne fussent que les prédictions dont le hasard a permis la réalisation. Cependant, je ne puis passer sous silence, une prédiction assez bizarre et presque originale ; une dame du monde vint me consulter, elle paraissait avoir de 30 à 35 ans ; « je lui dis qu'elle était demoiselle, qu'elle avait une aversion pour le mariage, qu'elle était fille unique, que madame sa mère habitait une ville étrangère, et qu'elle se disposait à passer la mer. Elle me vit sourire en rassemblant mes cartes, elle me dit : — De quoi riez-vous ?

— Mon Dieu, madame, je n'ose vous le dire, je crains de vous blesser.

— Oh, parlez, me dit-elle, je viens pour me distraire, cela

m'amuse beaucoup : j'en crois ce que je veux ; seulement si vous voyez la mort de ma chère mère, ne me le dites pas, car c'est tout ce que j'ai de plus cher au monde.

—Si c'était cette chose, lui dis-je, je ne rirais pas, c'est que je vois que vous deviendrez mère, et sans vous marier, vous aurez une petite fille. Sur ce, elle partit d'un éclat de rire, en me disant : — Oh ! que je suis heureuse d'être venue ! comme cela m'amuse ! ah ! ah ! ah !..... un enfant, j'ai 40 ans passés il n'est pas encore commencé ; c'est vrai que je vais partir voir ma chère mère, mais, à mon retour si j'ai fait un enfant j'accours chez vous, vous aurez ma première visite et je vous apporterai des dragées du baptême. Au ça, me dit-elle, vous ne voyez pas que j'épouse le père ? — Non madame, car il ne sera pas de votre rang ; il vous cherchera, mais vous le fuirez, quoique sachant que vous êtes enceinte, voilà madame ce que je puis vous dire. »

Elle vint me voir avant de partir. Je lui dis la même chose. Elle me paya généreusement. C'était en 1851. Je fus 18 mois sans la revoir ; j'avais quitté le faubourg Poissonnière, et j'habitais rue de Cléry, je fus bien surprise de revoir cette jolie dame, car elle était aussi jolie que belle femme, elle avait 5 pieds 4 pouces, forte à proportion, ce qui fit que je la reconnus.

— « Ah ! vous voilà, me dit-elle, je craignais que vous fussiez morte du choléra ; tenez prenez ce camphre, cela vous préservera et mettons-nous à l'ouvrage. — Je regrette, madame, de vous faire attendre, mais j'ai deux personnes, et celle qui est entrée. — Renvoyez-les, dites-leur que je pars en chemin de fer ; je vais vous payer pour elles, et tout sera dit. — Je priai ces personnes, je leur dis que je ne leur prendrais que la moitié, et elles partirent, devant revenir le lendemain. Je fis mes cartes.

— Oh, madame, lui dis-je, vous avez voulu que mes cartes disent vrai, vous êtes presque mariée, vous avez une petite fille, m'apportez vous des bonbons ? — C'est trop fort, me dit-elle, vous êtes une vraie devineresse, oui, j'ai une jolie fille, elle a trois mois. Figurez-vous qu'étant accouchée dans le mois de janvier, je craignais que mon petit ange eut froid ; je l'ai fait baptiser dans mon salon ; j'en suis folle, elle est près de ma mère, j'ai pris une nourrice sur lieu. Et le père. parlez-moi de lui. — Le père, madame, il est négociant, il voyage, il est sur vos traces, et vous le fuyez. — C'est bien cela, j'ai un enfant, c'est tout ce qu'il me faut. Elle repartit. Je la rencontrai un jour dans la rue Saint-Honoré, elle prit mon adresse ; elle avait sa chère enfant qu'elle tenait par la main, qui n'avait que 3 ans ; on lui en eut donné 5 pour sa grandeur. Des malheurs me firent quitter Paris, je la perdis de vue ; il me resta pour satisfaction d'avoir prédit juste, et le souvenir d'avoir bien ri avec cette dame.

Un jour, il me vint une femme qui me parut une domestique, « madame, me dit-elle, je viens vous demander si vous voulez recevoir une personne qui désire ne pas être vue. —Cette personne peut venir, j'ai deux portes d'entrée: personne ne la verra. Une heure après, je vis une religieuse non cloitrée. Que l'on ne croie pas ici que c'était pour des intrigues que cette pieuse personne venait me voir ; non certes, il s'agissait d'un voyage à Rome, près du Saint-Père, pour obtenir quelque chose en faveur d'un beau-frère Elle m'avoua que sa mère avait eu cette faiblesse, et qu'elle en avait hérité. — Ma mère aussi, lui dis-je, avait cette passion ; et les enfants s'en ressentent, comme vous voyez ; je fais plus que de les consulter, j'en fais un état. Elle me dit qu'elle partait pour Rome, mais je ne la revis plus.

En 1857, le 10 janvier, je fus demandée par une actrice du Palais-Royal, qui demeurait à cette époque, rue Richer, 23, — « Voyons, me dit-elle, si vous m'annoncerez de l'argent, car il m'en faut. — Je lui fais les cartes, je lui dis qu'elle en recevrait, mais que je voyais dans son jeu, un grand malheur qui causerait plusieurs morts, de riches et de pauvres ; que c'était par le feu. O mon Dieu ! lui dis-je, c'est dans un théâtre ; si ça allait être dans le vôtre ; mais j'y songe, vous ne jouez pas. Après cela, je ne vois pas votre mort ; je vois au contraire, que vous reprendrez votre emploi. Oh ! incident sinistre ! le n° 11 signifie le Chef de l'Etat, il se trouve dans le feu, 22 et 23, son épouse s'y trouve, grand danger de mort, mais la Providence les suit, puis le n° 5 l'Evangile, ils ne meurent pas. Oh ! que de morts par la justice ; sapristi, que diable va-t-il encore arriver ? heureusement que ce n'est que dans un théâtre et que ce n'est pas une révolution, quoique cela y ressemble beaucoup.

— Voyez-vous si cela arrivera bientôt ? me demanda mademoiselle J. P.

— Je ne puis citer le jour, mais le mois de janvier ne se passera pas. Je ne puis non plus citer le théâtre ; cependant je crois pouvoir vous assurer que cela ne se passera pas dans le vôtre, car je ne le vois pas entouré de ces malheurs ; il n'y a que le n° 12 renversé qui signifie nouvelle d'une émeute populaire. Vous en serez quitte pour la frayeur. Tout le monde connait le fatal complot de la rue Lepelletier, qui a fait tant de victimes, et dont Leurs Majestés devaient être du nombre.

Quoique n'exerçant plus cet état, je fis encore une prédiction à mademoiselle J. P.. C'était dans le courant de juin 1860 ; je fus lui rendre une visite, dont je fus charmée ; elle me combla de politesse. L'on était à déjeuner ; elle fit apporter mon couvert, puis elle me dit : Si vous aviez apporté vos cartes, vous m'eussiez fait un jeu.

— Je savais, lui dis-je, que je viendrais, et je m'en suis munie.

— Eh bien, passons dans ma chambre.

— Ce n'est pas pour vous que vous me consultez, c'est

pour votre famille. Un jeune homme vous inquiète ; il est militaire ; c'est un blond, mais le brun est exempt. Cette nouvelle vous surprendra, car vous comptez sur l'autre qui est faible de santé, mais il est reçu, on le trouve bon.

— Oh ! pour cette fois, vos cartes vous trompent, on voit bien que vous ne vous en occupez plus ; c'est bien le blond qui sera exempt, et non le brun qui a tout pour être reçu, Au surplus, je vous dirai qu'ils passent tous deux à la révision ; je les attends ce soir ; si vous voulez rester, vous saurez la vérité aujourd'hui.

— J'accepte, lui dis-je ; si je me trompe, ce sera la première fois. Sur les 2 heures, on sonna à la porte du jardin ; les coups redoublés de la sonnette nous firent comprendre que c'étaient les deux neveux. Le brun accourut le premier, embrassa sa tante chérie, tout en chantant : Je suis trop petit pour être soldat, l'Empereur ne veut pas de moi. Mais le blond qui était pâle et triste, nous dit qu'on l'avait trouvé très-bon pour le service.

— Eh bien, lui dis-je, je vous ai encore dit vrai, et pour la consoler, je lui dis qu'au lieu d'en racheter deux, elle n'avait plus à s'occuper que d'un. » Je partis, et mon amour-propre était encore satisfait.

Ici je dois me borner à cette Prédiction, car s'il fallait que je cite toutes celles que je me rappelle, et que le hasard a permis qu'elles se trouvassent vraies, ce ne serait plus une brochure, mais des volumes.

CONCLUSION.

C'est dans l'espoir que je serai assez heureuse pour que ce petit Recueil ait de la publicité ; que je me fais un plaisir d'y ajouter un Livre de Songes qui, je l'ose espérer, excitera la curiosité du public, car la majeure partie est traduite par des expériences reconnues.

LA PETITE CLEF DES SONGES

ET LES MOYENS

DE LES INTERPRÊTER JUSQU'AUX PLUS PETITS DÉTAILS

Par Madame VICTOIRE JALADIS

— — ✖ — —

INTRODUCTION

Je ne grossirai pas cet ouvrage, en citant ici les noms de tous les Princes qui furent doués de cette science, dont les noms sont traduits dans tous les Livres de Songes qui ont paru jusqu'à ce jour.

Je m'incline devant la haute sagesse avec laquelle ils savaient les interprêter, à tous ceux qui venaient leur en demander la s'gnification. Cela se fait encore aujourd'hui chez les plus grands comme chez les plus petits ; et cela, parce que tous ces grands savants vivront toujours dans la mémoire de l'espèce humaine.

Je le répète, je m'incline, car aujourd'hui, je ne fais que traduire un extrait de l'expérience que j'ai acquise, en étudiant et retenant tous les songes que j'ai faits, et ceux qui m'ont été racontés, dont j'ai reconnu la vérité.

C'est pourquoi je prie mes lecteurs, d'apporter toute leur attention, sur la manière de songer, s'il veulent en tirer la vérité.

Car tous, tant que nous sommes, nous aimons à connaître notre sort, surtout par l'avertissement d'un songe. S'il nous paraît d'un mauvais présage, cela nous effraie quelquefois, mais nous sommes prévenus, et nous cherchons à nous mettre sur nos gardes ; s'il nous paraît d'un bon augure, c'est pour nous un moment de bonheur, qui souvent nous donne le courage d'entreprendre une chose que nous n'aurions pas osé hasarder.

Mais ici je dois prévenir mes lecteurs, qui ont foi aux songes, de ne pas confondre un rêve avec un cauchemar. C'est pourquoi je vais vous donner une notice, sur toutes les différences de songes. La chose à laquelle on doit apporter le plus d'attention, c'est le songe, parce qu'il vous avertit de ce qui doit vous arriver le jour même ou trois jours après. Il en est qui ne se réalisent que dans le cours de l'année, mais ça ne la dépasse jamais. Je crois devoir aussi faire observer à mes lecteurs que, pour qu'ils ne commettent point d'erreurs, il faut que le songeur se couche avec sang-froid, c'est-à-dire que l'estomac soit libre, qu'il ait été sobre la veille. Là il se rappellera parfaitement son songe ; il pourra consulter mon livre, il est assuré de trouver la signification sans peine, et sans avoir recours à ses amis ou amies qui souvent le mettraient dans l'erreur, car il n'est pas dû à tout le monde de pouvoir interpréter les songes. Je crois que ces petits détails suffiront à mes lecteurs, pour essayer de ma petite clef.

L'ORACLE.

Signifie révélation sur une chose que vous avez faite, bonne ou mauvaise. L'étoile qui veille sur vous vient vous avertir de ce qui peut vous arriver, soit que l'oracle vous annonce une trahison ou un piège, ou bien la récompense d'une bonne action que vous auriez faite ; il vous annonce aussi la mort d'un parent qui vous est proche et cher, quand même il n'y aurait rien à hériter, et vous prévient même d'un danger, n'importe le rang que vous occupiez dans le monde. Mais je dois prévenir mes lecteurs, qu'il est peu de personnes qui fassent des songes avec précision, car il faut pour cela que l'âme soit en rapport avec ce qui est céleste, c'est-à-dire qu'elle croie en Dieu, car ces avertissements viennent de l'Etre suprême comme dans l'ancien temps, lorsqu'il parlait aux peuples et aux Rois par la bouche de ses Prophètes, à qui il envoyait ces sortes d'avertissements.

Oracle signifie donc que vous devez entendre parler comme si vous étiez éveillé, et bien vous rappeler ce que vous avez entendu ; cette manière de songer est donc très appréciable, c'est à mes lecteurs d'y faire bien attention.

LE RÊVE.

Quand au Rêve, j'engage mes lecteurs à ne pas y apporter d'importance, attendu que ce n'est que la reproduction de ce dont l'esprit a été vivement frappé dans le jour, comme par exemple, si vous avez pensé à une personne, vu une dispute dans la rue, voire même emmener quelqu'un par les sergents de ville, lu la *Cazette des Tribunaux*, vu une condamnation, été frappé par une pièce de théâtre. Eh bien ! vous pouvez rêver sur toutes ces choses sans vous donner la peine de regarder dans mon livre.

L'APPARITION

Est souvent un fantôme qui vous apparaît sans vous parler. Cela ne se produit que chez les enfants que l'on a effrayés dans le jour, ou chez les vieillards dont le cerveau est affaibli, par suite de maladie ou de regrets sur leur passé.

LE CAUCHEMAR.

Songe pénible provenant d'une fausse digestion qui souvent vous rend très mal à l'aise. J'engage mes lecteurs à ne pas y faire attention.

Je crois que, d'après toutes mes observations, toutes les personnes qui possèderont mon ouvrage, pourront s'exempter de raconter leurs songes à un tiers ; ils pourront, à l'aide de ma petite clé, les interpréter eux-mêmes.

LA PETITE CLEF DES SONGES

APPELANT TOUTES LES LETTRES DE L'ALPHABET

A. Abandonner sa maison avec regrets et larmes, présage de bonheur pour votre changement; mais si vous la quittez après l'avoir balayée, ou répandu de l'huile, maison que vous regretterez, car vous la quitterez au moment de faire vos affaires.

Abbé, causer avec un, ou le rencontrer, tyran dont vous serez victime; le voir à l'église, assister à sa messe, joie pour toute la journée.

Abbesse, supérieure d'un couvent, malice, qui vous sera tendue; recevoir sa visite, mauvais présage, contrariété, et quelquefois dispute.

Abeilles, les voir dans un jardin qui vous appartient, grande richesse, selon le rang et la position que vous avez dans le monde; en tirer le miel, héritage qui vous surprendra, ou emploi près des grands; en voir sur soi, tourments sur vos intérêts; en être piqués, acharnement d'ennemis implacables; plus vous en aurez tués, moins ils seront puissants.

Abri, en chercher un, embarras pour la journée; mais si vous en trouvez un, visite rendue qui vous tirera d'inquiétude dans la journée.

Abricots, en voir sur un arbre, désirs satisfaits en amitié pour l'homme, si c'est une femme, joie et santé; si un homme en mange, il fera la conquête d'une jeune fille, et il n'aura pas à se plaindre de son libertinage; si une jeune fille en reçoit un et qu'il soit sec, précaution qu'elle doit prendre pour sa vertu.

Académie d'armes, présage de guerre pour l'homme; pour une femme, accablement. De savants, vous chercherez à vous jeter dans les sciences sans succès; de jeu, défiez-vous des mauvaises sociétés qui tendront un piège à votre bourse. Avis aux pères de famille.

Accosté, l'être par un voleur, réussite; par un grand, emploi offert; par un inconnu, perfidie surtout s'il est brun.

Accouchement, en faire un sans être sage-femme, on tirera quelqu'un d'embarras; accoucher soi-même, grands tourments que vous

vous créez et dont vous supporterez les conséquences; accoucher de chiens, ennemis crapuleux, et très à craindre ; de chats, trahison que vous reconnaîtrez.

Accusation, accuser quelqu'un, peine qui vous suggère une mauvaise pensée : l'être, calme de conscience, justice rendue.

Adoption, adopter un enfant, bonne action sans récompense.

Adoration, adorer Dieu, satisfaction ; une idole, faux trafic.

Adultère, trouble dans le ménage, ou dans les amours.

Agneaux, les voir aux champs, bonne nouvelle ; en porter un volé ou donné, présage d'héritage ; en acheter, acquisition de fonds de commerce ou de propriété.

Aigle, le voir voler, proposition ambitieuse, en amour pour une femme ; pour un homme emploi élevé dont il apprendra que la chance n'est pas toujours durable ; en manger, péril de mort ; mais s'il se pose sur vous, fiez-vous sur votre étoile.

Aiguille, en être piquée, accident imprévu.

Ail, le respirer pur, réussite dans la journée, sombre mélancolie qui durera plusieurs jours.

Allumette, l'allumer sans peine, dignité reconnue ; si elle s'éteint à mesure que vous l'allumez, attendez-vous à de grandes contrariétés.

Assassin, le devenir, sentiment de vengeance, ou d'ambition.

Aveugle, le devenir, difficulté de mettre ordre à ses affaires et de connaître ceux qui vous trahissent.

Amant, le tromper, désir de rapprochement, pour les deux sexes ; s'il vous apporte une bague, défiez-vous ; un verre d'eau, attendez-vous à un mariage.

Ami, se disputer avec, redoublement d'amitié ; quelquefois il en résulte une association de commerce.

Ane, l'entendre braire, service rendu payé d'ingratitude ; le conduire, caractère difficile à sympathiser ; si vous êtes mère, enfant dont vous aurez beaucoup de peine à réformer les défauts ; voir ses oreilles, scandale qui froissera votre amour-propre.

Ange, en voir un, Dieu veille sur vous ; l'adorer, vous virez dans la bonne voie.

Anguille, vivante, tentation vicieuse ; morte, maladie prochaine.

Appartement, l'occuper, plaisir suivi de chagrins.

Araignée, espoir qui se réalisera surtout en argent ; la tuer, gain que vous manquerez par votre faute.

Arbres, en voir de brisés, disputes ; fleuris, réussite dans un projet.

Argent, en voir en quantité, réussite ; pourvu qu'il ne s'y trouve pas de sous ; en trouver, embarras pour le lendemain.

Bague, en recevoir une d'un prétendu, mariage qui ne se réalisera pas ; d'un amant, brouille de longue durée.

Bain, se baigner dans l'eau chaude, vie mêlée de bien et de mal, santé affaiblie par les chagrins ; se baigner en pleine mer, voyage lointain, rétablissement de santé, succès en amour ou en affaires.

Baiser, en recevoir un, trahison ; baiser la terre, humiliation par une nouvelle quelconque.

Bal, le voir, ennui et dégoût ; danser, présage de maladie,

Banc, s'y asseoir, attendre quelqu'un, rendez-vous manqué.

Barbe, se la voir grande, embarras dans ses affaires et la voir de sa couleur naturelle; et bien peignée, réussite; se la raser, perte au jeu ou dans ses entreprises.

Bas, de soie, bien imprévu; de coton bien blanc, succès : se les voir déchirer, grande déception pour la journée.

Bâton, le rompre, projet manqué, en amour ou en commerce; en recevoir un coup, succès; en frapper quelqu'un, honte.

Bien, en acheter, embarras d'affaires; en hériter, deuil de famille

Billard, jouer, évitez les cafés ce jour-là.

Blé, voir un champ de blé mûr ou vert, bonne nouvelle d'argent; en manger, la richesse vous attend; en donner, aisance absolue.

Bœuf, les voir entrer chez vous, aisance, argent au-dessus de vos espérances; les rencontrer par troupeaux, nouvelles d'argent; si vous vous trouvez parmi eux, et qu'ils barrent votre passage, secrets divulgués, qui vous causeront de grands désagréments.

Bonnet, de coton, en voir un homme coiffé, mauvais mari, il aura une mauvaise tête, et l'esprit dissimulé.

Botte, large, abondance pour un homme; étroite, homme scrupuleux; si une femme fait ce songe, elle dominera sur son mari et ses égaux.

Bouche grande, ennemis que vous écraserez; sale, désespoir qui pourra vous causer une maladie.

Bourreau, s'il vous parle, ne vous mêlez point de politique, si vous tenez à la vie.

Bourse pleine, inquiétude pour le lendemain; vide, espérance qui se réalisera sous peu.

Bras, si vous voyez les vôtres musculeux, triomphe sur vos ennemis; faibles, découragement pour défendre une cause.

Brebis, en voir une, profit; plusieurs, grande aisance prochaine; tuées, perte d'argent ou d'héritage que vous attendiez.

Brigands, malheur imprévu

Broderie, sur mousseline, distinction; sur soie, faveur.

Brouille entre amants, mariage prochain.

Cabane, en voir une, retour inespéré.

Café, conspiration politique pour un homme; pour une femme, oubli de soi-même, pensée légère.

Campagne, la faire, entreprise hasardeuse.

Cantique, les lire ou les chanter, calme de conscience.

Carnage, en viande pourrie, mort dans la maison.

Cartes, y jouer, ruse qui vous sera tendue, surtout à votre bourse.

Cavalier, sans monture, s'il est militaire, malheur prochain; si une dame voit un cavalier sur un cheval blanc, heureuse nouvelle; sur un noir, chagrins, deuil.

Cave, y descendre, danger; en remonter sans peine, prospérité.

Ceinture, dorée, fausse promesse; de soie, honneur, dignité.

Cerf, le rencontrer, réussite dans toutes sortes d'entreprises.

Cerise, amitié; hors de saison, chagrins.

Cervelas, pensée voluptueuse; en manger, maladie.

Chaîne, s'en voir, mauvais présage pour ses affaires; les briser, sortie de peine.

Chaire, y monter, faveur méritée.

Chameau, accroissement de fortune

Chandelle allumée, bonne nouvelle ; qui pétille, poursuite de justice, menace de prison pour la personne qui tient l'allumette.

Chants, larmes; chants d'oiseaux, querelle.

Charbons ardents, affaire fâcheuse; s'ils s'éteignent, maladie, danger de mort.

Chardons, les voir, présage de ruine; les cueillir et les rapporter, misère complète, du moins, grande déception.

Charrette, honte, selon le rang que l'on occupe.

Chasse, menace de procès.

Chat qui vous caresse, trahison que vous reconnaîtrez ; endormi ou en colère, ennemi secret

Château, l'habiter, aisance prochaine; y faire une visite, embarras.

Chaussure qu'on quitte, déception.; s'en voir de neuve, profit ; en chausser en mauvais état, mauvaise nouvelle, maladie.

Chauve-Souris, la voir voltiger autour de votre maison, mort.

Chemin, s'y trouver seul, inquiétude dans ses entreprises; y rencontrer quelqu'un, secours inespéré.

Cheminée, y voir des charbons éteints, mauvais présage ; bien allumés, bonne nouvelle, joie.

Chemise, se la voir sale ou tachée de vilain sang, embarras ; déchirée, maladie; en mettre une blanche, argent.

Chêne vert, en voir un, richesse prochaine ; s'y mettre à l'abri, protection qui vous sera très nécessaire.

Cheveux, s'en voir beaucoup et les peigner facilement, réussite, les avoir noirs et se les voir blancs, dignité, confiance ; se les arracher, perte d'amis ou d'argent, embarras ; emmêlés, chicane, procès dont vous ne serez pas le plus fort.

Cheval blanc, bonne nouvelle ; noir le contraire ; en atteler un, force; y monter, réussite absolue ; voir le vôtre monté par un autre, infidélité.

Chèvre, aisance prochaine.

Chien, le voir assis près de vous, protection, amitié, fidélité ; le voir entrer chez vous ou le rencontrer dans la rue, mauvais traitement que vous aurez à subir avec des gens bien au-dessous de vous.

Chiffres, les additionner, chicane pour rentrer dans votre dû.

Chocolat, en manger, augmentation de santé.

Chute, incident qui vous arrivera si vous ne voyez pas un chien ou un homme près de vous.

Ciel, le voir pur, conduite qui trouvera sa récompense, le voir en feu, alarme publique, grand péril pour la personne qui fait ce songe ou pour sa famille.

Cimetière, mort d'un parent ou d'un ami ; y visiter la tombe des siens, découverte heureuse.

Citerne, y entrer, mauvaise rencontre, gardez votre argent chez vous.

Clef, en trouver une, bon augure ; en recevoir, accusation, présage de prison ou grand embarras.

Cloches, les entendre, incident sinistre, dévalisation ou poursuites.

Clous, de fer, bonheur ; de bois, maladie.

Clystère, prendre un lavement, indisposition prochaine.

Coiffure, se faire coiffer, tromperie par son insouciance.

Cœur, se sentir mal au cœur, chagrins, soit en amour ou dans son intérieur.

Comédie, y aller, joie secrète ; en lire la pièce, faiblesse de cerveau.

Commerce, s'y voir, entreprenez ce qui peut se présenter.

Commode, s'en voir une, surprise ou découverte d'argent.

Coq. se plaire avec lui, fierté qui va jusqu'à la sottise.

Corbeau, sinistre présage ; par bande, deuil, par maladie contagieuse ou par guerre.

Corbeille, en recevoir une, mariage assuré; pleine de pâte, prospérité; de fleurs, grande douleur.

Coucher avec un inconnu, trahison surtout s'il est brun ; avec un blond, nouvelle connaissance suivie de succès ; pour l'homme, avec une belle femme, chagrins en amour si elle est sage, avec une femme publique, joie suivie de regrets.

Couronne de fleurs, succès dans ses espérances ; d'or, persécution; de fer, force dans tout ce que l'on tentera; d'épines, tourments.

Couteau, en voir ou en recevoir un, séparation d'amants, d'amis ou d'associés, ou brouille de ménage ; en recevoir un coup, querelle qu'il faut éviter.

Curé, le voir en noir, présage de maladie; à l'autel, joie, réussite.

Dîner soi-même, grande convalescence.

Déménagement, tourment pour ses affaires.

Dents, les voir tomber, mort de parents ou d'amis ; si quelqu'un vous les arrache, cette personne vous ruinera selon votre position ; à les voir belles, contentement, longue vie.

Diable, le voir, réussite en amour suivie de regret.

Diamant, en être parée, descente de fortune, ou d'aisance.

Dieu, voir l'être suprême dans le ciel, aspiration au bien, grandeur d'âme; voir le Christ, s'il se présente devant vous, et que vous en soyez bien pénétré, il vous invite à vivre dans ses principes, il veille sur vous.

Dispute, de femmes, repas suivis de bavardages ; avec une amie, ou amis, renouement d'amitié.

Don, en recevoir d'un grand, charge ou emploi qui chancelle, à moins que ce soit un joli cheval blanc.

Duel, se battre, présage d'insomnie, mauvaise pensée.

Eau, se voir souvent dans l'eau, souffrance morale ; en recevoir un verre, joie, réussite dans ses affaires ; avoir soif, apercevoir une source et y boire, succès.

Éclipse, rivalité en amour, et aussi chez les grands soit pour charge ou dignité.

Echelle, la monter, faveur imprévue ; en tomber, grande déception sur ce que vous espériez.

Eclair venant droit à vous, et sans qu'il tonne, victoire.

Ecrevisse, retard dans ses projets.

Eglise, y entrer, regrets qui se passeront, calme prochain.

Eléphant, le voir, cadeau d'outre-mer, ou connaissance d'un grand, succès.

Embrassé par un ami, trahison ; par un inconnu, contrariété, mauvaise visite.

4.

Enceinte, pour une femme d'âge, petit gain, pour une jeune fille, pensée qui lui causeront des regrets.

Enfant, le voir naître par vous, tourment; mort, fin de peines que vous craigniez; le nourrir au sein, avoir beaucoup de lait, argent que vous recevrez, mais qui vous donnera beaucoup d'embarras.

Enfer, illusion que la faiblesse du cerveau fournit, par le regret du passé, ou de ce que l'on est prêt à faire

Engagement d'effets ou emprunt sur hypothèque, tourments divers.

Enterrement, y assister, nouvelle de mariage qui contrariera, être enterré soi-même, et se croire mort, richesse.

Epée, en voir une, espérance pour la femme, perfidie pour un homme; la porter à son côté, espérances qui se réaliseront; si une femme en reçoit un coup, qu'elle tombe dans son sang, honneur et richesse.

Epines, en porter une couronne, persécutions de tous genres, combat, pour la religion, ou pour l'é'at.

Epingle, en être piqué, haine de famille, détresse.

Espion, en voir un, avertissement sur vos ennemis, victoire.

Escalade, escalader un mur sans se blesser, succès en amour comme en affaires.

Escalier, le monter, travaux pénibles; le descendre, gain.

Estropié, l'être, présage de gêne, manque de travaux.

Etang, y voir des poissons, argent, si on les prend en vie; s'ils sont morts, dispute, vol ou frustration.

Eternuement, s'entendre éternuer, joie à votre réveil.

Etoile, en voir une filer, nouvelle de mort, déception dans toutes vos espérances, grand chagrin.

Etrennes, en recevoir, espérance déçue; en donner, accroissement.

Eventail, être éventé par un autre, flatteur qu'il faut éviter; par soi-même, prudence.

Exil, s'y voir, victoire prochaine sur ses ennemis.

Excrément, en voir chez vous, d'une personne autre que de vous, argent; jaune et liquide, or; de soi même dans un vase, ennui; se voir dans les lieux d'aisance, dégoût de la vie.

Face, se voir en face d'une jolie personne, joie très prochaine.

Faim, la satisfaire, belle promesse que l'on tiendra.

Fantôme blanc, le bien voir, grande protection; noir, mauvaise nouvelle.

Femme, en nombre, faiblesse pour se laisser entraîner ou il ne faut pas.

Fenêtre, sauter par une pour se sauver, embarras pour sa conscience, et de ses affaires.

Festin, s'y trouver, présage de danger, maladie

Fer, en être brûlé, mauvaise action qui fera verser bien du sang et des larmes dans la famille du songeur.

Feu, clair à la cheminée, bonne nouvelle; éteint, abandon; tomber dans le feu, friponnerie dont on sera victime.

Figues, mûres, en manger, gain qui vous surprendra; non mûres, désagréments, embarras pour de l'argent

Fille de joie, leur parler, réussite en affaire, gain inespéré.

Fleurs, en cueillir, peines que l'on se créera : en recevoir un bouquet mélangé, larmes que vous verserez sous peu; les effeuiller, danger vité ; recevoir une rose, dignité reconnue ; artificielles, plaisirs de peu de durée.

Flûte, en jouer, débauche.

Foin, être couché dessus, danger de fièvre.

Fontaine, coulant une eau pure, heureuse visite.

Forêt bien verte et beaucoup de chênes, prospérité ; s'y trouver seul, disposition à la mélancolie et à l'étude des sciences.

Fossé, y tomber, piège que vous supporterez ; le franchir, triomphe sur les traitres.

Fou, le devenir, tracasserie d'esprit, peine morale.

Foudre qui éclate, menace, danger sur vous ou sur vos biens.

Fromage, en manger, joie et santé.

Froment, don qui vous enrichira.

Fruits, en manger, indisposition selon le fruit : une belle poire, grande réussite ; raisin blanc, idem ; pomme, procès : abricot, danger pour une jeune fille.

Fumée, la voir au loin, présage, nouvelle même d'incendie ; chez soi, chagrins, maladie.

Furie, voir un bœuf, ou une vache en furie, rencontre, ou visite d'ennemis acharnés, ou dispute de ménage terrible.

Fusée, en fête publique, joie éphémère, en voir venir une à soi, nouvelle trompeuse.

Gageure, faire un pari, ruine par sa faute.

Galanterie, en recevoir d'un inconnu, mystification ; par son amant, éloignement.

Gants, avoir la main gantée, inquiétude suivie d'un plaisir passager.

Garde, la monter, sûreté dans ses affaires ; en être pris, grand embarras, peut-être poursuites.

Garde-malade, confiance acquise.

Garde-manger bien garni, présage d'aisance ; y voir des œufs cassés, querelle de famille, procès.

Gâteaux, en manger, joie parfaite, recette d'argent.

Gazette, la lire, temps perdu pour le lendemain.

Gazon, s'y asseoir, et qu'il soit bien vert, heureuse journée pour le songeur.

Gendarmes, les voir entrer chez soi, réussite en affaires.

Genoux, se mettre à genoux devant quelqu'un, abaissement : devant Dieu, bonheur ; une idole, banqueroute, voyage furtif.

Gibet ou guillotine, y monter, grande élévation.

Girouette, faveur ou emploi qui nous échappe.

Glace, trahison, abus de confiance que l'on reconnaîtra.

Glace, frimas, marcher dessus avec sûreté, gain.

Gorge, belle femme qui plaira, conquête.

Grands, leur parler, embarras, oubli de votre demande ou d'une promesse faite.

Grand-père ou grand'-mère, leur parler, secret confié.

Grange, en voir une pleine, redoublement de bien-être ; voir la sienne vide, déception, espérance déçue : en flammes, nouvelle sinistre et prochaine.

Grille, se jeter à sa rencontre, menace de prison.

Grenouille, ennemi secret ; les entendre chanter, élévation, au-delà de vos espérances ; sortir de l'eau, mauvais présage.

Groseille mûre, en manger, joie ; rouge, amitié sincère ; blanche appréciation ; noire, mélancolie, peine que l'on craint.

Grossesse, pour une jeune femme, naissance prochaine ; pour une jeune fille, amour ou désirs naissants qui pourront lui causer des regrets.

Guêpes, acharnement d'ennemis ; si vous en êtes piqué, malheur : les tuer, grande victoire.

Guitare, mélancolie causée par l'amour ou par une amitié.

Habit, quitter le sien pour un neuf, changement de position, ou d'emploi avantageux ; s'en voir un sale ou déchiré, affront sensible.

Hache, marcher sur une, craignez l'ennemi que vous redoutez.

Haine, haïr quelqu'un avec lequel vous êtes en discussion, réconciliation que vous chercherez ; vous la trouverez si la personne vous fuit.

Hameçon, en voir un, piège qui vous sera tendu ; le tendre soi-même, abus de confiance.

Hanches, se les voir dans un embonpoint, bonheur, prospérité ; longues, stérilité, ou cessation de grossesse ; rompues, séparation ou abandon.

Hanneton, maladie contagieuse.

Haricot, petite indisposition légère ; vert, contrariété.

Herbe, se coucher dessus, bon présage : en manger, perte.

Héritage, en faire un, brouille de famille.

Hirondelle, heureuse nouvelle dans un moment de peine ; la voir chez soi, délivrance, changement heureux ; la tuer, perte par sa faute.

Homme, causer avec un, nouvelle amitié ; nègre, médisance ou querelle d'amis ou d'amants.

Hopital, y entrer, présage de maladie, pour soi ou pour un ami.

Horloge, la monter, attendre un ami avec impatience ; l'entendre sonner, mauvaise nouvelle.

Hôtel, y chercher un gîte, embarras dans ses affaires ; si l'on voyage et que l'on voie l'hôtel et la ville, voyage où l'on réussira ; s'y voir coucher sur la paille, ne manquez pas l'occasion.

Huche, pleine de farine, richesse prochaine ou bonne affaire en commerce : vide, espérance déçue.

Huitres, en manger, joie, santé parfaite.

Huissier, persécution pour votre signature de complaisance.

Hydropisie, s'y voir, prenez de la rhubarbe, abstenez-vous l'eau.

Illumination, voir sa chambre pleine de bougies, grand changement avantageux ; sur une table, mort de famille.

Incendie, chez soi, mauvais présage ; si on l'éteint, mauvais projets échoués.

Inondation, universelle, malheur par la guerre, ou maladie contagieuse : se voir inondé seul, dans une rue et sans se mettre à l'abri, richesse, héritage, dot.

Ivresse, s'y trouver, désirs dépravés : si on est malade, mort

Jambe, bien faite, réussite par son courage : enflée ou estropiée, anéantissement, revers.

Jambons, les voir, maladie accidentelle ; en manger, victoire sur ses ennemis.

Jardin, s'y promener en belle saison, plein de fleurs et sans en cueillir, présage de bonheur.

Jeux de cartes, billard ou autres, insouciance ou ambition qui vous coûteront cher.

Joues, se les voir fraîches et potelées, joie, continuation de santé, ou rétablissement pour un malade.

Journal, le lire, pour un homme, oubli de ses intérêts pour s'occuper des autres ; pour une femme, r'cherche de distraction dans ses ennuis.

Jurer soi-même, mauvaise pensée contre quelqu'un : entendre jurer, mauvaise nouvelle.

Justice, en être poursuivi, craintes dans ses affaires.

Labourage, pour celui qui le fait, présage de richesse ; pour tout autre, descente de position, surtout pour les riches.

Labyrinthe, découverte d'une chose cachée depuis longtemps, et que l'on dévoilera à son profit.

Lait, en boire d'une vache, mariage avec mésalliance, mais qui vous enrichira ; lait sortant du sein d'une femme, pour un homme, il fera tous les sacrifices pour une jeune fille dont il en sera récompensé ; pour une femme d'âge, promesse de richesses.

Laitue, en manger, difficultés.

Lanterne sourde, défiez-vous des voleurs ; avec une lumière, nouvelle de mort.

Lapin, en voir chez soi, destruction ; en manger, perte réparée.

Lard nouveau, grande victoire sur vos ennemis ; salé, dépérissement de santé, purgez-vous ; en couper des morceaux, querelle.

Laver, dans l'eau douce, peine morale, indisposition ; salée, guérison de maladie nerveuse ; dans une source, intégrité.

Laurier, carrière honorable pour les deux sexes.

Lettre, en recevoir, nouvelles d'une personne éloignée : noire, deuil ; rouge, sincérité ; vert, espérance ; jaune, infidélité et flatterie.

Lièvre qui court, la fortune vous sourit de loin, bonheur pour le songeur qui l'atteint.

Limaçon, ennemi secret qui, par son air bête, est plus fin que vous.

Linceul, maladie qui vous engage à mettre ordre à vos affaires.

Linge propre, argent ; sale, dispute, maladie.

Lit bien fait, s'y voir coucher, position garantie ; en désordre, brouille, maladie.

Livre, roman, insouciance dans son avenir ; saint, calme de conscience

Loup, gens avares qui vous entourent ; en être mordu, l'on sera victime d'ennemis implacables.

Lune pleine, nouvelle de puissance étrangère ; sur son déclin, maladie contagieuse.

Lunettes, en porter, désir de découvrir un secret, ou un papier

Mains, se les voir bien faites et propres. présage heureux ; sales, maladie ; y voir une tache d'encre, signature qui fera la perte ou la honte du songeur.

Maison, se la voir à soi, prospérité prochaine ; en bâtir une, embarras dans ses spéculations.

Mamelle, pleine, argent ; enfant à la mamelle, maladie, par suite de tourment, surtout, pour une femme agée.

Manger sur le gazon, plaisirs prochains.

Manteau, en être couvert, vice caché ; s'il est neuf, richesse.

Marais, peine, brouille, mauvaise nouvelle.

Marbre, insensibilité d'âme, en acheter, redoublement de haine.

Marcher, seul dans la rue, inquiètude pour le lendemain ; avec un bâton, infirmité de courte durée.

Mariage, se marier, veuvage si l'on est marié ; pour les jeunes gens, séparation absolue.

Médecin, en voir un chez soi, maladie prochaine.

Mendiants, les voir à votre porte, gens que l'on occupe à surveiller ; leur faire l'aumône, accroissement de biens.

Mer agitee, nouvelle de loin à redouter ; en repos, ami sincère ; naviguer sur la mer, si elle est pure et calme, voyage de plaisir et fortuné.

Merle, propos qui vous nuiront.

Miel, flatteur à fuir.

Militaire, venant à vous, bonne nouvelle ; les voir en grand nombre armés, présage de guerre.

Miroir, s'y voir, trahison ; y voir un ami ou une amie avec vous, fermez-lui votre porte.

Moissonneurs, les servir à table, abondance, richesse.

Montagne, qu'on monte, peine de longue durée ; la descendre, victoire sur ses ennemis, succès en tout.

Mort, lui parler, le croire vivant, mort d'un parent qui porte le même nom.

Moulin, le posséder, redoublement de richesse.

Moustache, bien fournie, homme qui dominera sur ses égaux ; les arracher, désespoir, honte, perte d'emploi.

Mouton, gain dans son commerce, voyage heureux.

Mulet, le posséder, difficulté à conduire l'intérieur de sa maison, surtout s'il est nombreux.

Muraille, devant soi, déception dans une affaire prête à se terminer ; la descendre, réussite ; près d'un fossé et ne point y tomber, grande victoire.

Nager, dans une eau claire, nouvelle connaissance aux cheveux blonds, souvent il en résulte un mariage.

Nain, insolent sans puissance.

Naufrage, voir un navire naufragé, nouvelle de mort de parents ou d'amis éloignés.

Navet, froideur en amour.

Navire en péril, mesure à prendre, fortune en danger.

Neige, se coucher dessus, insouciance pour sortir de peine, en faire une pelotte, argent inattendu.

Nez bien fait, pour une femme, elle plaira par sa manière de gérer, esprit fin sans fadeur ; pour un homme, carrière honorable.

Nids, les dénicher, découverte d'une haute trahison ; nids de reptiles, persécution affreuse, heureux si le songeur les écrase: s'il les rapporte, malheur.

Noce, enterrement d'un ami malheureux.

Nombril, voir le sien, présage de grossesse pour une jeune femme ; d'hydropisie pour la vieillesse, deux sexes.

Noyer (se), tracasserie d'esprit par ses affaires, ou action que l'on a faite ; retirer quelqu'un de l'eau, renommée.

Noyer, en secouer un, en faire tomber le fruit, victoire obtenue en tous genres ; en manger, argent suivi de contrariété.

Nu ou nue, affront, perte d'amis par ambition.

Nuage au ciel, mauvaise nouvelle.

Obscurité, s'y trouver, mélancolie, maladie nerveuse

Oculiste, découverte d'une trahison.

Odeur, penchant à la débauche, surtout si l'on en porte sur soi.

Œil, d'animal quelconque, découverte d'argent, suivez son regard ; voir les siens, regrets d'une action.

Œufs, en voir, mauvaise visite, dispute ; cassés, perte d'emploi.

Offrande, la faire à l'église, sentiment honorable, pour le lendemain.

Oignon, en pelurer, querelle.

Oiseaux, joie pure ; les tuer, cessation de bavardage ; assemblés, nouvelle de loin inattendue ; qui chantent, succès.

Olivier, dignité reconnue, amitié sincère.

Oncle, lui parler, intérêt que l'on vous porte.

Ongles, se les regarder, maladie ; grands et bien faits, richesse prochaine ; courts, pauvreté par sa faute.

Opéra, y assister, joie suivie de déception.

Or, en trouver, contrariétés, retard dans ses espérances : en recevoir, procès ou colère ; le reconnaître faux, victoire sur ses ennemis.

Orage, attendez-vous à une nouvelle sinistre.

Orange, joie suivie de grandes peines.

Orateur, défiez-vous d'une supercherie.

Ordures, les balayer, sortie de peine.

Oreilles, prêter l'oreille, découverte nécessaire pour vous ou pour l'état ; longues, bévue que vous regretterez ; bouchée, vol dans votre maison ; en perdre une, perte d'emploi ; se les voir belles, protection d'un grand ; voir celle d'un animal, trahison.

Oreiller, s'y trouver bien, calme d'esprit, mariage sans le chercher.

Organes, sans difformités, bonheur richesse, même quoique nombreuse famille ; malades, perte de ce que vous affectionnez le plus.

Orge, en posséder, richesse, changement de position ; en manger le pain, ambition que vous regretterez trop tard.

Orties, affection mal placée ; en manger la fleur, maladie prochaine.

Os de mort, en voir, mort d'un ami ou d'un animal domestique.

Ours, persécution à redouter ; le tuer, victoire.

Ouvriers, les employer, bonne augure, prospérité ; les faire reposer, stérilité dans vos affaires.

Osier, se voir apporter un panier, arrestation.

Paillasse comédie des rues, fourberie dont on sera dupe.

Paille, s'y voir couché et qu'elle soit fraîche, argent; en botte, richesse inattendue ; la brûler, ruine par sa faute.

Pain blanc, en manger, changement heureux; noir, déception.

Palais royal, l'habiter, embarras d'affaires ; y être demandé, promesse trompeuse, complot dans lequel on se compromettra.

Palissade, en rencontrer sur son passage, retard dans ses projets.

Palme, en porter, honneur mérité.

Panier, en quantité fussent-ils vides, accroissement de bien-être.

Paon. ambition qui vous échouera, regret superflu.

Papier, désir de nouvelle du songeur.

Papillon, inconstance.

Parade militaire, sûreté ; d'ambulant, défiez-vous des visites du lendemain et même pendant trois jours.

Paradis, on se plaira à faire une bonne action, honneur rendu.

Parents, causer avec eux les connaissant morts, querelles de famille ou d'amis ; causer avec s'ils sont éloignés, nouvelles de mort.

Parfum, en être parfumé, honneur de courte durée.

Parler, entendre plusieurs personnes, calomnie que l'on reconnaîtra.

Parricide, en voir un, trahison d'amis

Particulier, être dans un cabinet avec une femme, brouille ; deux hommes ensemble, complot, honte publique.

Pâte, indisposition prochaine.

Patiner, plaisir suivi de regrets.

Pâtisserie, en recevoir. joie ; en manger, gain inattendu.

Patrouille, être emmené par une, peine d'esprit pour ses entreprises ; en voir une, sûreté, remboursement d'argent.

Pauvres, en avoir la visite, querelle de ménage.

Pays, se croire dans un pays inconnu, voyage que l'on fera pour l'endroit même tôt ou tard.

Peau, trafic avantageux.

Pêche, en manger, sûreté dans ses affaires un peu tard.

Pêcher à la ligne, ennui, dégoût de la vie ; au filet et prendre des poissons vivants, argent ; morts, maladie pour le songeur ou pour ses proches.

Peigner, avec facilité, argent qui vous sortira de peine ; avec difficulté, embarras pour le lendemain.

Peintre, le devenir, affaiblissement de cerveau.

Pélerin, en recevoir un chez vous, heureux présage pour vos jours.

Pendu, en voir un, danger pour le songeur, mauvaise action, faite ou à faire qui le tourmentera, regret.

Perdrix, les entendre chanter, calomnie découverte ; en prendre le nid, argent, paix dans le ménage, fidélité en amour.

Père, lui parler et le savoir mort, conscience tourmentée ; vivant et éloigné, nouvelle que l'on recevra.

Perles, en recevoir, amitié trompeuse ; en enfiler, mélancolie.

Perroquet, l'entendre parler, défiez-vous de vos voisins.

Peste, la croire dans son pays, maladie contagieuse.

Phénomène, le voir, danger que l'on évitera.

Pieds, les avoir grands et propres voyage prochain ; sales, infirmité ; se les laver, malheur ou honte évités ; y être mordu, stagnation, retard en affaires.

Pierre, se butter contre une, fausse démarche, chagrin.

Pigeon, le destin vous favorise ; les voir chez vous, richesse imprévue.

Pisser, affaires tendant à leur fin.

Plaine dans sa verdure, bonheur en tous genres.

Pluie, la recevoir, argent que vous n'espériez pas.

Plumes les porter, ambition satisfaite.

Poilu, signe de longue vie pour l'homme ; pour la femme, elle dominera toujours sur ses égaux et sur son mari.

Pomme, retard, querelle et quelquefois affaire de justice.

Poires dans leur maturité, grande réussite, argent.

Pomper avec peine et ne point retirer d'eau, impuissance ; en tirer de l'eau claire, travaux récompensés.

Poitrail, voir le sien, protection ; d'un autre, piége, trahison.

Poules chantant, caquets ; qui pondent, querelle prochaine.

Pourceaux, ennemis, ingratitude reconnue.

Précipice, chute fatale.

Prison, y entrer, trouble dans ses pensées ; en sortir, tourment.

Puits et l'eau bien claire, en tirer heureux présage.

Quenouille, bruit populaire.

Querelle, avec un homme, rencontre imprévue.

Queue d'animal quelconque, honte, affront.

Quilles, y jouer, perte d'argent par sa faute.

Radis, en manger, hydropisie ou maladie d'urine.

Raisin mûr et blanc, joie ; noir, tristesse.

Rats, ennemis secrets et dangereux pour votre bourse.

Renard, gens flatteurs et rusés ; que l'homme garde sa femme et une demoiselle son amant, évitez la séduction.

Riche, se croire, lutte entre familles.

Rire, plus l'on rira, plus l'on pleurera le lendemain.

Roi, lui parler, embarras suivi d'un succès.

Rose, bonheur, joie de courte durée.

Sable, marcher dessus, position variable.

Saigner (se faire) présage de maladie pour une jeune femme, grossesse prochaine.

Sanglier, poursuites pour dettes, de gens impitoyables.

Sangsue, défiez-vous des amis qui vous flattent.

Sansonnet qui parle, avertissement de cancans ; qui chante, bonheur dans votre maison, en amour, libéralité d'un amant.

Santé, s'y voir fraîche, un teint rose, prospérité ; si l'on est malade, rétablissement de santé.

Savetier, lui donner de l'ouvrage, aisance par l'ordre que l'on apporte ; le devenir, résignation qui rapportera son fruit.

Savon, s'en laver les mains, se retirer d'un complot, sagesse.

Scier du bois, travaux ou état pénible récompensé.

Scorpion, et autres reptiles, entretiens de vos ennemis pour vous perdre.

Sel, vous en offrir, avis d'un ami sincère ; en manger, persévérance dans la sagesse ; en boire l'eau, esquinancie.

Semaille, semer soi-même, richesse sans remords.

Sentinelle, pour un homme marié, prospérité par son ordre ; pour des jeunes gens, amitié, jalousie effrénée.

Serin qui chante, pour un homme, voyage prochain ; pour une jeune fille, amour d'un grand, persécution par l'or.

Seringue, indisposition prochaine.

Serpent, en être entouré, ennemi secret ; les tuer, grande joie, victoire sur des ennemis que l'on reconnaîtra.

Serrure, en poser une, surveillance nécessaire : l'entendre craquer, vol inévitable, ou nouvelle de mort qui fait votre perte.

Singe, pour une jeune fille, connaissance d'un homme vicieux et débauché ; pour des gens de famille, rapt, trahisons de famille pour intérêts.

Soldats, en voir arriver, joie ; l'être, quoique hors d'âge, présage de guerre.

Soleil, le voir luire, succès dans une affaire qui vous embarrassait ; s'il plane sur votre lit et que vous y soyez, fièvre.

Somnambule, la consulter, brouille et discussion intérieure.

Sonnette, entendre le son, visite que l'on redoute déjà.

Sorcière, la voir, abus de confiance, cerveau affaibli par les chagrins.

Souffler le feu, ennui, peine morale, désir de nouvelle ou visite.

Souliers, en voir de neufs, les chausser, joie par un profit inattendu ; de vieux et percés, misère, sinon revers ; voir vous apporter des savates, nouvelle de mort.

Soupe, la manger, rétablissement de santé ou d'affaire.

Sourcils, bien formés, succès en affaires ; qui se touchent, union qui rendra jaloux ; très clairs, mariage incompatible.

Souris, gens fins et rusés qui vous entourent, suspendez des visites ; les attraper, découverte de vos ennemis ; les tuer, victoire.

Spectacle, plaisir recherché pour cause de solitude.

Spectre, remords de conscience, Dieu vous rappelle encore à lui ; s'il vous parle, écoutez-le, car un danger vous menace.

Statue, froideur, insouciance de soi-même et de son avenir.

Stylet, en frapper quelqu'un, désir de vengeance ; en recevoir un coup et se croire mort dans son sang, grande victoire.

Sépulture, en poser une, souvenir de bienfaits reçus ; les visiter, mort contagieuse.

Suicide, se suicider soi-même, revers de position ou d'amour qui vous causera des chagrins de longue durée.

Suisse d'église, l'être, abaissement d'âme faute de courage ; de grande maison, on s'abaissera pour se relever promptement et de continue.

Supplice, y assister, mauvaise nouvelle ; se voir soi-même, soit guillotiné ou tout autre supplice, réussité ; entendre sa condamnation, malheur pour le songeur.

Tabac, en faire usage, recherche de papiers nécessaires.

Table bien servie et chez soi, retour ou bonheur ; bien éclairée, retour de richesse ; par une chandelle, mort prochaine d'un membre de la maison ou de parent proche, grand deuil.

Tabouret, monter dessus dans un lieu public, mauvaise nouvelle répandue qui nuira ; en voir chez soi en place de chaises ruine.

Tache, sur ses effets, d'huile, argent ; d'encre, honte, perte d'honneur.

Taffetas, richesse sans peine de l'acquérir.

Tailleur d'habits, en commander, embarras d'affaires ; de pierre, gain.

Tambour, l'entendre, nouvelle de guerre.

Tapisserie, en faire, aisance prochaine.

Tempête, l'apercevoir, nouvelle accidentelle ; en être atteint, danger pour le songeur ; s'il a vu quelqu'un frappé, mort pour la personne atteinte.

Temple, y entrer, regret de la perte d'un parent ou d'un ami.

Ténèbres, s'y trouver, difficulté à sortir d'embarras, abandon d'amis.

Tentes, en faire, la guerre vous enrichira par trafic.

Terre, se croire enterré et mort, richesse ; la baiser, retour aux bons sentiments ; en manger, maladie.

Testament, en lire un, héritage prochain ; faire le sien, maladie ; en déchirer un, procès de famille.

Tête, plus grosse que de coutume, présage de névralgie ; blanche, viellesse heureuse ; longue, disposition à la folie ; coupée et la voir séparée du corps, union mal assortie.

Théâtre, y assister, ennui, dégoût de la solitude.

Tigre, inimitié, haine ; le tuer, grande victoire sur vos ennemis ; le poursuivre, vengeance, ruse que l'on déjouera.

Toile, en faire faire ou en acheter, profit assuré selon la quantité.

Tombeau, le visiter, découverte d'héritage ; en faire construire, mort de famille.

Tomber, dans la boue, perte d'emploi, honneur compromis ; dans l'eau, désespoir pour le songeur.

Tortue, difficulté, retard en affaires, ou en amour ; en manger, raccommodement.

Tour, de forteresse, vouloir la prendre d'assaut, revers imprévus ; commander ses hommes, danger évité, fortune.

Tourterelle, bonheur en amour, mariage heureux.

Tremblement de terre, grand danger ; de membre, crainte dans ses entreprises

Tronc d'arbre, s'y abriter, déception prochaine dans ses affaires grande détresse ; voir un tronc d'église, service rendu pour plusieurs amis.

Trou fait dans la terre, mort d'un avare.

Truie pleine, espérance d'argent qui se réalisera ; avec ses petits, ennemis crapuleux.

Tuer quelqu'un, danger pour le songeur ; un animal, amitié trompée.

Turc, susceptibilité de commerce dans le pays ; pour un homme s'il s'y trouve seul, danger dans un voyage ; pour un militaire, il s'y trouvera prisonnier.

Tuyaux, de cheminée, acquisition ; de poêle, embarras

Ulcère, pour une femme, crainte qui se réalisera, maladie ; **si le** mal est en dehors, richesse selon la proportion du mal.

Urine, uriner en abondance, santé parfaite ou rétablissement absolu.

Usurier, admirer son or, chute, danger de mort ou perte.

Vaches, en voir, souffrance morale, maladie longue ; si elles vous tournent le dos et fixent leurs regards quelque part, découverte d'argent, suivez leurs regards.

Valser, pour une femme comme pour un homme, légèreté de tête, maladie.

Veines, les regarder, approche d'une maladie, avertissement pour mettre ordre à ses affaires.

Vendanges, vendanger soi-même, prospérité prochaine.

Vent qui souffle sur vous, retournez en arrière de vos projets.

Ver de terre, ennemis qui s'élèvent contre vous ; les écraser, triomphe.

Verre reçu en cadeau, accords de mariage ou d'association.

Verroux, s'y voir enfermé, prison ou du moins tourments de longue durée ; y mettre quelqu'un, rentrée d'argent.

Viande, cuite et bonne, en manger, réussite ; gâtée, maladie.

Vierge, pour une jeune fille, Dieu veille sur elle ; pour une femme, avertissement d'un malheur qui plane,—Dieu et Marie l'aiment encore.

Vidangeur, coup de commerce avantageux, surtout si l'on boit avec eux ou que l'on se trouve en société.

Vignes, les posséder et les voir chargées de raisins, bonheur prochain.

Vin blanc, joie en société et profit ; y mettre de l'eau, mélange de bien, dans la médiocrité.

Vinaigre, en boire, présage de maladie de poitrine par sa faute ; en recevoir, querelles de parents.

Violettes, appréciation de votre conduite, vertu cachée reconnue.

Violon, bonheur dans le ménage.

Vipère, ami qui vous trahira par cupidité.

Visage, voir le sien, frais et vermeil, joie, redoublement de santé ; maigre et blême, pauvreté, revers de position.

Vision, effroi sur sa vie passée ; si la vision vous parle, suivez ses avis.

Visite à une femme de joie, plaisir, profit pour les deux sexes ; chez des amis, larmes à répandre ; en recevoir d'un médecin, maladie.

Vivandière, se croire la fortune assurée par son intelligence.

Vœux, en faire, retour à la religion, cerveau creux affaibli par les chagrins ou par sa conduite passée.

Voile de femme, en porter un, vice caché ; de vaisseau, protection dans un danger.

Voisins rassemblés, caquets, médisance sur vous.

Voiture bien attelée, y monter, espérance sur ses désirs ; en descendre, perte d'emploi ; la traîner, accusation.

Voir, plusieurs religieux ou religieuses, perte d'amis, souvent querelle de ménage.

Vol, l'être, sûreté : voler des effets, embarras ; en l'air, aspiration à une fortune dont on réussira à force de peine et de courage.

Vomir, plaisirs dépravés.

Voyager à pied, retard dans ses projets ; à cheval, ambition satisfaite, faveur offerte.

Yeux, beaux et bonne vue, succès dans tous vos projets ; malades et chassieux, mauvais propos qui apporteront des retards.

Zèbre, légèreté, trahison d'amis.
Zéphir, amitiés inconstantes.
Zéro, en voir un ou plusieurs, déception en recette.
Zodiaque, en voir le signe, étoile qui vous conduira à la découverte d'un secret, dans vos intérêts.

Paris.— Typ. **A. Appert**, passage du Caire, 54 & 84.

PARIS. — TYP. A. APPERT
PASSAGE DU CAIRE, 56, GRANDE GALERIE